l'espoir au présent

éditions sociales notre temps/tribune

georges marchais

l'espoir au présent

éditions sociales   notre temps/tribune

ISBN : 2-209-05393-5

sommaire

pourquoi ce livre d'espoir ?

Curieusement, au moment où je commence ce livre, une image s'impose à ma mémoire. Je revenais d'un voyage à l'île de la Réunion où j'avais témoigné de la solidarité des communistes français à un peuple qui lutte. L'avion, jusque-là presque vide, faisait escale dans une capitale africaine. Il se remplit alors de Parisiennes et de Parisiens coiffés de bizarres sombreros ou de chapeaux de brousse, accoutrés de chemises à larges fleurs, bardés d'appareils photos sophistiqués et de fusils. En m'apercevant, ces touristes inattendus ne purent dissimuler leur réflexe de haine et de dépit. Rencontrer là le secrétaire du Parti communiste français, ah ! non, je n'étais pas de leur monde et je troublais la fin de leur safari !

Car il y a un monde entre cette catégorie de Français qui échappe à la crise et des millions de travailleuses et de travailleurs qui se demandent chaque jour : « Vais-je tenir ? De quoi demain sera-t-il fait ? »

Moi qui suis un ouvrier, le hasard de la vie et des responsabilités m'a permis de voir les riches. Je les ai vus lors de ce passage en Afrique. Je les ai vus lors de ma visite au Mexique, dans ce séjour de luxe et de mauvais goût qui s'appelle Acapulco. Je les aperçois aussi, même s'ils s'en cachent, dans les couloirs des Assemblées ou des ministères. Et ils règnent à l'Elysée.

Je vous le dis : nous, les travailleurs, nous n'imaginons pas ce qu'est la richesse. Nous n'avons pas idée de la vie réelle et des gaspillages des milliardaires, des exploiteurs, des spéculateurs, des exportateurs de capitaux et des centaines de milliers d'autres privilégiés. Ces gens-là n'ont, au fond, qu'une pensée en tête : comment dépenser leur argent ? Leur morale tient en quelques mots : s'enrichir toujours plus.

En rentrant à Paris j'ai trouvé une lettre d'un ouvrier de la Sarthe. « Je ne sais plus que faire, m'écrivait-il. Je ne peux plus m'en sortir et vous demande de m'aider. Croyez bien que c'est avec beaucoup de honte que j'écris. » Des lettres comme celle-là, j'en reçois des milliers.

Cette société capitaliste ne se contente pas d'épuiser, de pressurer les femmes et les hommes, elle parvient encore à faire croire à certains d'entre eux qu'ils sont coupables.

Quelque temps après, je revoyais dans le département du Nord ces kilomètres d'usines fermées, aux vitres brisées, aux portes rouillées, aux ateliers vides. Le trust Usinor les a bradées. Et partout dans les cités désertes cet écriteau revient : « Maison à vendre ».

Cette exploitation, ces inégalités, ces injustices me révoltent. C'est pour ça que j'écris ce livre.

Mon cœur se serre quand, dans mes réunions, je vois ces visages jeunes que tire la fatigue d'une journée trop longue, usés avant le temps. Je lis sur eux leur peine, leur surmenage, leurs inquiétudes. J'y lis aussi, le plus souvent, tant d'espoir...

Dans ce livre, c'est avant tout à eux que je parle. Je me dis : « Tu as des devoirs envers ces travailleuses et ces travailleurs, tu n'as pas le droit de les décevoir, c'est pour ça que tu es communiste. » Et je me bats. Ce livre d'espoir est un livre de lutte.

Parce que ça doit changer. Je vais m'employer à vous le montrer : ça *peut* changer. Et changer sans attendre.

Changer pour les ouvrières et les ouvriers surexploités, mal payés, hantés par le chômage, les accidents du travail, les maladies, souvent maltraités et insultés — surtout les femmes.

Changer pour ces millions d'employés ou de fonctionnaires dont la condition devient souvent proche de celle des travailleuses et des travailleurs d'usine.

Changer pour ces familles qui souffrent des conditions de travail, de transport, de logement. Pour ces millions de couples qui ne savent quand ils pourront décider ensemble d'avoir les enfants qu'ils désirent. Pour ces millions de parents qui ne peuvent donner à leurs fils ou à leurs filles de bonnes chances de départ dans la vie.

Changer, oui changer vraiment pour ces millions de jeunes qui se retrouvent dans la jungle de béton, dans les classes-parkings, les classes-impasses, sans métier, sans travail, O.S. à vie, manutentionnaire, dactylo dans un pool, vendeuse ou caissière dans une grande surface, sans espoir de promotion.

Changer, pour ces millions de retraités qui aspirent à vivre au soir de leur existence dans des conditions décentes, de façon intéressante, dans la sécurité.

Changer pour ces cultivateurs, ces viticulteurs, ces éleveurs qui ne parviennent plus à vivre sur leurs exploitations familiales.

Changer pour ces techniciens, ces ingénieurs, ces cadres qui ont accumulé le savoir et l'expérience, mais se voient pressés comme des citrons, privés de possibilités et de responsabilités, parfois rejetés sans appel.

Changer pour ces enseignantes et ces enseignants, de plus en plus souvent victimes des emplois instables, privés des moyens d'exercer efficacement leur beau métier. Changer pour ces femmes et ces hommes de culture que la loi de l'Argent frustre de liberté, de moyens, de public.

Changer en France. Changer aussi dans le monde. Arrêter la course aux armements. Garantir la paix. Préserver l'indépendance de la France. Marcher vers un monde plus juste où les enfants ne mourront plus de faim.

Voilà l'espoir qu'exprimera ce livre. Pas pour un avenir lointain. Mais au présent.

Alors, voulez-vous, parlons-en ensemble.

1

pas de fatalité du malheur

La situation dont souffrent aujourd'hui les travailleuses et les travailleurs, les difficultés qui sont leur lot quotidien, rien de tout cela n'est inévitable. A notre époque, en France, il n'y a pas de fatalité du malheur.

Je suis avec un intérêt passionné le développement des sciences et des techniques et je ne cesse de regretter que l'injustice devant l'école et le caractère vieillot des programmes continuent de priver la plupart des Français des connaissances qui leur permettraient de mesurer exactement toutes les possibilités de notre temps. Et de dire : « Ces progrès des sciences et des techniques, nous voulons les mettre en œuvre. Pour nous, pas pour les exploiteurs. Pour la paix, pas pour la guerre. Pour le progrès social et la libération, pas pour la misère et la servitude. »

Par exemple, vous le savez, la domestication de l'atome permet de maîtriser des forces du même ordre que celles mises en jeu par les grands phénomènes naturels.

Dans l'industrie, la machine-outil, puis l'introduction progressive de l'informatique ont décuplé l'efficacité du travail humain. La miniaturisation des composants électroniques et leur coût modique offrent toute une gamme de possibilités nouvelles, qui se traduisent dans la vie courante par ces bijoux techniques de série que sont les téléviseurs à transistors, les montres à quartz ou les calculatrices de poche.

L'agriculture a connu une évolution spectaculaire. Grâce à l'action combinée de la mécanisation, de la sélection de plants, des engrais, le rendement du blé ou du riz a été multiplié environ par trois dans les trente dernières années.

En quelques dizaines d'années la médecine a progressé à pas de géant. Un siècle à peine après Pasteur, on pratique des transplantations du rein ou du cœur, on fabrique des organes artificiels, on supprime des cellules malades avec une extrême précision grâce au rayon laser, on explore le cerveau avec le scaner.

La psychologie et d'autres sciences de l'homme et de la société permettent d'envisager une maîtrise de l'homme sur son développement personnel et collectif. Par exemple, une pédagogie nouvelle.

Les moyens d'investigation se sont eux-mêmes perfectionnés, ouvrant la voie à de nouvelles recherches. Des dispositifs ingénieux, comme le microscope électronique, permettent de « voir » l'infiniment petit, tandis que l'aventure de l'espace, qui a commencé il y a moins de vingt-cinq ans avec le lancement du premier spoutnik, permet de progresser dans la connaissance du système solaire, et, au-delà, de l'origine de l'univers et de la vie.

Ce ne sont que des exemples. Le mouvement de la connaissance, c'est une avancée générale qui se poursuit à des rythmes divers, et dont nul ne peut prévoir entièrement les développements et la portée.

Les possibilités ouvertes par ce progrès et les richesses accumulées par le travail humain ont fait grandir la volonté bien légitime des travailleurs de vivre mieux. Elles ont stimulé des luttes. Les capitalistes ont été contraints de faire des concessions et de mettre en place des adaptations.

Ce mouvement de la société s'est traduit par des améliorations réelles, même si elles sont très inégalement partagées : la mortalité infantile a reculé, l'espérance de vie s'est allongée, le niveau moyen des connaissances s'est élevé, les transports sont devenus plus rapides et plus sûrs, les moyens de communication se sont développés, le confort a progressé. Les appareils électroménagers ont permis — ou devraient permettre — de faire reculer les servitudes du travail domestique. La maîtrise progressive de la fécondité a ouvert aux femmes, aux couples, de nouvelles libertés.

profit contre progrès

Mais aujourd'hui quelque chose « coince ». De nombreuses personnes ont le sentiment que le progrès scientifique et technique conduit à une aggravation de leur vie et comporte pour l'avenir des dangers considérables. Des scientifiques eux-mêmes s'interrogent.

Je comprends les raisons de ces inquiétudes.

La modernisation des entreprises ? Elle entraîne

des cadences plus rapides, des reconversions très difficiles, sinon impossibles, des licenciements. Le développement de l'industrialisation ? Il s'accompagne de la pollution, de la dégradation du cadre de vie, de la concentration des travailleurs dans des cités sans âme, qui sont de véritables ghettos, et aussi de trajets longs et pénibles. L'utilisation généralisée de certaines méthodes de culture ? Elle conduit à la remise en cause des équilibres naturels. L'informatique ? Elle débouche sur la mise en fiches, sur des atteintes à la vie privée et aux libertés individuelles. Avec la télévision ou les sondages, l'électronique devient manipulation de l'opinion et intoxication. Le nucléaire devient bombe, course aux armements. Ainsi l'homme se serait pris à son propre jeu. Il serait menacé par ce qu'il a créé.

Alors, qu'est-ce qui ne va pas ? D'où vient le mal ? Pour comprendre il faut aller au fond des choses.

Regardez ce qui se passe dans les entreprises. Les progrès de l'automation et de la « robotique » donnent la possibilité de faire accomplir la plupart des tâches fastidieuses et répétitives — y compris les plus complexes comme la peinture ou les soudures des pièces — par des robots. Leur introduction progressive dans la production pourrait contribuer à la suppression du travail à la chaîne, au développement de la responsabilité et de la qualification dans le travail, à une importante diminution du temps de travail. J'ai vu, par exemple, à l'usine Renault de Flins ce que ces machines rendent possible. Alors, qu'est-ce qui est en cause quand leur installation ne se fait qu'au « compte-gouttes », et seulement en fonction des possibilités de rentabilisation immédiate, avec des compressions d'emplois et une déqualification des postes de travail existants, avec l'aggravation des cadences ? Ce n'est pas la technique, ce n'est pas la machine qui sont coupables. Mais c'est la course au profit. Car c'est cela le seul but que poursuivent les patrons : du profit, du profit, le plus gros possible et le plus vite possible. Au nom de cela on n'accroît pas la qualification, le niveau de vie, les débouchés. Et c'est le chômage et le gâchis.

Autre exemple auquel j'ai été conduit à m'intéresser particulièrement à propos de l'Ile de France et d'autres régions : la pollution de l'eau. Des techniques permettent de réduire la quantité d'eau utilisée par l'industrie. Or ces techniques ne sont pratiquement pas utilisées en France sauf... là où l'eau coûte cher, par exemple là où les industriels doivent procéder au dessalement de l'eau de mer. Alors, qu'est-ce qui est en cause lorsque la pollution de l'eau s'aggrave ? Ce n'est pas le développement industriel. Mais c'est la course au profit.

Voici encore un exemple que m'a cité un agriculteur. L'utilisation intensive des engrais, des désherbants, des produits phytosanitaires permet d'augmenter beaucoup les rendements. Mais elle représente aussi, dans bon nombre de cas, un danger pour l'environnement, pour la terre. Or cet agriculteur m'a expliqué — et d'autres me l'ont confirmé depuis — que si le paysan n'obtient pas des rendements très élevés, il n'a plus le minimum nécessaire pour vivre ; son exploitation — je pense aux exploitations familiales de taille petite ou moyenne — n'est plus rentable. Alors, qu'est-ce qui est en cause ? Les engrais, la chimie ? Les agriculteurs ? Bien évidemment, non. Ce sont les lois du marché imposées par les gros capitalistes, c'est la course au profit.

Voyez ce qui se passe pour la santé. Je suis d'autant plus sensible à cette question que, dans la circonscription de Villejuif dont je suis député, se trouvent plusieurs hôpitaux importants, dont l'institut Gustave-Roussy spécialisé dans la lutte contre le cancer. Eh bien, là encore, c'est la loi du profit qui sévit. Les trusts pharmaceutiques consacrent plus d'efforts à la publicité qu'à la recherche de nouveaux médicaments ! Un trust de l'électronique, la C.I.T.-Alcatel, va jusqu'à retirer du marché un stimulateur cardiaque fiable sous prétexte qu'il est plus rentable pour lui de vendre des appareils dont la durée de vie est quatre ou cinq fois plus courte ! La loi du profit, les trusts et le gouvernement sont en cause lorsque l'Etat finance à peine 8 % — je dis bien 8 % ! — du nouvel institut Gustave-Roussy.

Je ne veux pas terminer cette énumération sans parler de la perversion de la science que constitue la course aux armements. Celle-ci occupe aujourd'hui un scientifique sur quatre et accapare environ 40 % des moyens consacrés à la recherche-développement. Toutes les dix minutes, elle coûte l'équivalent de ce qui est nécessaire pour empêcher 500 000 enfants de mourir de faim. L'Organisation mondiale de la Santé a calculé que le huitième des sommes consacrées à la construction du bombardier américain *F. 16* aurait suffi pour vaincre définitivement la variole. Au centre de ce gâchis immoral, les firmes capitalistes : elles trouvent dans la fabrication massive et le commerce d'armements toujours plus meurtriers l'une de leurs sources de profits les plus mirifiques !

En somme, le capitalisme ne conçoit le développement des sciences et des techniques qu'en rapport avec le profit. En constatant les gâchis et les blocages que ce système engendre, en voyant son mépris pour l'homme et pour la nature, nous touchons au fond de ce qui va mal aujourd'hui.

les causes de la crise

J'ai moi-même, il y a neuf ans, le 1er juin 1971, publié dans *l'Humanité* un article intitulé : « La société française en crise ». « Vous inventez », m'a-t-on dit. Ou : « Vous exagérez. » Aujourd'hui personne ne nie plus la crise. Chacun peut constater que le Parti communiste avait vu juste.

Dans les dernières décennies, pour maintenir sa puissance et ses privilèges, la bourgeoisie a utilisé toute une série de moyens. Elle a concentré l'économie française dans un nombre restreint de mains, au point qu'aujourd'hui une dizaine de groupes industriels et financiers domine celle-là. Elle a domestiqué l'Etat. Elle a étendu et renforcé l'exploitation des travailleurs. Elle a organisé l'inflation et la hausse des prix pour favoriser ses profits.

Or les maîtres des groupes capitalistes sont aujourd'hui débordés par les moyens qu'ils ont mis en œuvre. Les apprentis sorciers, ce sont eux ! Leur prétendus remèdes se transforment en poisons et se retournent contre eux.

La surexploitation des travailleuses et des travailleurs atteint les limites du supportable, et même les dépasse. D'où, en particulier, l'absentéisme, les accidents. L'inflation s'intensifie. Mais elle rejaillit sur le capitalisme à l'échelle internationale et contribue à le désorganiser. Des hordes de capitaux « flottants » montent à l'assaut des monnaies des pays capitalistes.

D'une façon générale, l'aristocratie de l'Argent a accumulé et suraccumulé une masse de capitaux pour lesquels elle ne trouve plus de débouchés assez rentables à ses yeux, c'est-à-dire des débouchés qui lui rapportent un profit élevé dans le plus court délai possible. Ces capitaux cherchent alors une rémunération en dehors des productions utiles : dans les spéculations de toutes sortes ; ou dans les investissements à l'étranger, par exemple dans ces pays où on peut encore faire travailler des enfants dix heures par jour pour une bouchée de pain ; ou encore dans la course aux armements.

A vrai dire, cette crise n'est pas la première que connaisse le capitalisme. Il a traversé des crises de surproduction, dues au fait qu'il est difficile à la fois de vendre beaucoup et de comprimer le pouvoir d'achat des travailleurs. Ces crises se sont réglées le plus souvent par la guerre, c'est-à-dire par la destruction brutale d'une partie des moyens de production. Mais aujourd'hui les capitalistes ne font plus la pluie et le beau temps sur la planète, c'est aussi un sujet sur lequel je reviendrai dans un autre chapitre. Ils cherchent donc à casser les usines, même modernes et compétitives, par d'autres moyens que la guerre. Voilà pourquoi ils démantèlent la sidérurgie, le textile, la machine-outil. Ils ferment des chantiers navals, des mines de fer et de charbon. Ils asservissent le développement scientifique aux intérêts des sociétés multinationales. Ils réduisent la part des ressources nationales consacrées à la recherche. Ils détruisent des productions agricoles. Et faute d'envoyer les jeunes au massacre, ils les jettent au chômage.

Ce n'est pas tout. La crise actuelle n'est pas une simple crise de surproduction. Elle est beaucoup plus profonde que les précédentes. Les moyens mis en œuvre par le capital pour surmonter ses blocages échouent les uns après les autres. Cela prouve que les structures mêmes du capitalisme sont affectées. En même temps l'Etat intervient de plus en plus directement et en tout domaine : cette évolution contribue à étendre les effets de la crise capitaliste à tous les aspects de la société. C'est une crise globale : elle secoue à la fois l'économie, la politique, le monde des idées, la morale.

la vérité sur le pétrole et les matières premières

Cette analyse de la crise me conduit à dire quelques mots du pétrole. On nous dit et redit que la crise actuelle est une « crise pétrolière », une « crise de l'énergie ». En réalité les causes principales de la crise sont ailleurs ;

les questions du pétrole, de l'énergie n'en sont qu'un aspect particulier.

On nous dit : « Les difficultés de la France et de l'ensemble des pays capitalistes développés sont dues aux réajustements successifs du prix des produits pétroliers. » C'est une supercherie. Dans mon article de *l'Humanité* sur la crise, je notais déjà qu'au plan international l'instabilité monétaire s'était développée dès la fin des années soixante avec la dévaluation de la livre anglaise et du franc français, c'est-à-dire quatre ans environ avant la première hausse du pétrole brut.

Beaucoup de ceux qui me lisent ont sans doute gardé en mémoire le débat télévisé sur le pétrole qui m'a opposé, en février 1977, au ministre des Finances de l'époque, M. Jean-Pierre Fourcade, ami du président de la République. La démonstration que j'ai faite alors reste valable mot pour mot.

Qui peut contester, par exemple, que l'évolution du prix du pétrole brut est restée en deçà de la hausse moyenne de l'ensemble des prix entre 1974 — date du premier ajustement du prix du pétrole — et 1979 ? Ce décalage entraînant pour les pays producteurs une perte de pouvoir d'achat de 20 à 25 %, ils se sont efforcés de le rattraper par de nouveaux ajustements en 1980.

Qui peut contester que la hausse du pétrole brut n'entre que pour une très faible part dans la hausse globale des prix ? Infime en 1979, cette part sera de l'ordre de 2 % en 1980, soit moins du septième de la hausse des prix totale. Son effet est presque négligeable sur la croissance et sur l'emploi.

Les rapports des organismes officiels les plus divers, en France et dans le monde, confirment mes arguments. Le secrétaire d'Etat américain au Trésor lui-même confiait il y a quelque temps au journal patronal *Les Echos :* « L'inflation que nous subissons actuellement aux Etats-Unis a commencé à se manifester il y a environ quinze ans. »

Le tapage orchestré par le gouvernement à propos du pétrole brut est d'autant plus inadmissible qu'il refuse de prendre les mesures indispensables à l'encontre des compagnies pétrolières dont les profits sont vertigineux. En même temps, ce gouvernement continue d'augmenter les taxes fiscales, déjà démesurées, qui frappent l'essence ou le fuel. En 1979, l'Etat a ainsi empoché 66 milliards de francs, c'est-à-dire une somme supérieure à la « facture pétrolière » payée cette année-là.

Au fond, cette propagande tend à jeter un brouillard sur les causes de la crise et sur les responsabilités écrasantes du gouvernement giscardien et à justifier la politique d'austérité. Elle va même jusqu'à accuser les travailleuses et les travailleurs d'être coupables de gaspillages dès l'instant où ils ne laissent pas leur voiture au garage le dimanche ou n'acceptent pas de claquer des dents l'hiver.

Bien sûr, il ne faut pas gaspiller. Mais pour cela les travailleurs n'ont pas besoin de recevoir des leçons de la part des nantis. Il y a belle lurette qu'ils ont appris à économiser parce qu'ils n'ont pas d'argent à jeter par les fenêtres. Et c'est à eux qu'on ose encore demander des sacrifices en les accusant d'être de mauvais Français s'ils refusent ! Ce cynisme me révolte.

Si le gouvernement veut chasser le « gaspi », qu'il aille donc à Neuilly où la consommation d'énergie par habitant est le double de celle des villes ouvrières de la banlieue parisienne ! Qu'il aille le traquer dans les hôtels de luxe et les palais dorés, pas dans les H.L.M. !

Ce que je démontre pour le pétrole vaut aussi pour la plupart des matières premières. De 1968 à 1978, selon les chiffres publiés par le Fonds monétaire international, l'évolution de leurs prix est restée inférieure à la hausse moyenne des prix dans le monde. Ce n'est donc pas de ce côté-là qu'il faut rechercher les causes de la crise en France.

Quant au risque de pénurie de ces matières premières, c'est une autre supercherie. Les réserves de pétrole — et plus encore celles de charbon — sont considérables. Comme sont considérables les ressources minérales dans leur ensemble. On en découvre chaque jour de nouvelles. De plus, de nouvelles techniques permettent d'accéder à des gisements jusqu'ici inexploitables ou peu rentables.

Evidemment, il y a un problème du pétrole et des matières premières. Mais quelle en est la nature réelle ? Pendant des dizaines d'années, pour maintenir et si possible augmenter leurs profits, les capitalistes ont pillé les ressources du Tiers-Monde de manière systématique. C'est dans ces conditions que les gouvernements qui se sont succédé en France depuis trente ans ont abandonné le charbon et prôné le « tout pétrole ». Le Parti communiste n'a cessé de dénoncer les dangers de ce choix. Eh bien, aujourd'hui, les peuples de ces pays exigent de plus en plus que les richesses dont ils disposent leur soient payées à un prix normal. Et c'est justice ! Là encore les moyens utilisés par les apprentis sorciers du capital se retournent contre eux.

Ainsi, quelque domaine qu'on considère, on voit que le capitalisme est incapable de répondre aux problèmes de notre temps. Il est dépassé, inhumain, dangereux.

je combats pour la science

La crise n'est pas sans issue. Elle est le terrain d'un formidable affrontement entre la loi bestiale du profit et l'homme. Dans cette lutte, le progrès de la connaissance, le mouvement des sciences et des techniques, les peuples en marche, les travailleurs d'un pays comme le nôtre poussent dans le même sens : celui d'une société faite pour l'homme et par lui, celui du socialisme.

C'est dire que je ne partage en rien les discours qui représentent le progrès scientifique et technique comme responsable de ce qui ne va pas. C'est absurde. Comme si la dynamo utilisée pour la torture condamnait l'électricité ! Ce qu'elle condamne, c'est le tortionnaire, et c'est le système qui l'emploie.

D'ailleurs, ceux qui mettent aujourd'hui la science au banc des accusés sont souvent les mêmes qui, avant la crise actuelle, affirmaient que la révolution technologique allait par sa seule vertu supprimer l'exploitation de l'homme par l'homme et déboucher sur une société sans classes.

Ce sont les deux faces d'un seul et même piège qui vise à détourner les travailleuses et les travailleurs, les jeunes, de l'action nécessaire pour transformer la société.

En vérité, le mouvement scientifique et technique est irréversible. Il ne comporte pas de marche arrière. Revenir sur nos pas n'est ni possible ni souhaitable.

Ceux qui encensent l' « état de nature » sont-ils prêts à connaître à nouveau la mortalité infantile, le retour des épidémies, la dévastation des récoltes ? A oublier ce qu'ils savent ? Se souviennent-ils de ce qu'étaient les conditions de travail et de vie des ouvriers du siècle dernier ? Du travail des enfants dans les mines ?

Ce n'est pas par hasard si les maîtres du capital et les nantis sont aujourd'hui partisans de la « croissance zéro » ou de la « croissance sobre ». Ils savent très bien, eux, dans quel sens va ce monde qu'ils voudraient empêcher de tourner. Ils savent que freiner le progrès scientifique et le dévoyer, freiner la croissance, cela signifie davantage de sacrifices pour les travailleurs et des inégalités de plus en plus criantes.

Il est ridicule d'opposer la nature et l'action humaine. Les plus belles de nos forêts — celles des Landes par exemple — ont été plantées à une époque récente. Le lac artificiel de Serre-Ponçon, réalisé par E.D.F., est devenu l'un des joyaux du paysage français. A l'inverse, là où la politique giscardienne vide nos campagnes et nos vallées, ce n'est pas le paradis qu'on voit s'avancer, c'est le maquis, les broussailles, le désert.

Le progrès scientifique et technique ouvre des perspectives extraordinaires.

Il permet d'envisager de vaincre le cancer, dont le pourcentage de guérisons définitives s'est déjà nettement accru. Ou encore de surmonter le drame des handicaps physiques, notamment par l'utilisation de prothèses électroniques de plus en plus perfectionnées. Ou d'agir sur le vieillissement des cellules vivantes. Ou de fabriquer de nouveaux produits, de recycler les déchets industriels ou domestiques, et à partir de là, de permettre d'importantes économies de matières premières et de moyens. Ou, grâce à la télématique, de multiplier presque à l'infini les possibilités de communication et de transformer le téléspectateur passif en acteur des émissions. Ou de faire accomplir un bond à la diffusion de la culture, tout en multipliant les moyens de création.

Dans tous les domaines apparaissent ainsi des possibilités inédites d'agir sur des phénomènes qui pouvaient jusqu'ici sembler immuables ou fatals. Cette action peut rendre la vie de tous plus libre et plus riche. Mieux compris, les cycles naturels peuvent être mieux protégés. La fusion thermonucléaire, l'accès à la chaleur magmatique, le soleil, peuvent fournir des ressources énergétiques quasi illimitées. Fertiliser les déserts, agir sur les climats, explorer et exploiter les immenses ressources des océans : ce ne sont plus des rêves, on apprend maintenant à le faire.

Au nom de quoi faudrait-il renoncer à toutes ces possibilités ?

Je dis oui au progrès scientifique et technique. Un oui clair et résolu. Parce que ce progrès est une condition du progrès social et humain. Parce qu'il répond à l'aspiration des hommes et des femmes à vivre plus pleinement leur vie, à décider plus librement de leur destin.

Ce progrès, les perspectives qu'il ouvre, l'ampleur des forces qu'il met en jeu, la portée des choix qu'il conduit à opérer, la nature des problèmes qu'il pose rendent de plus en plus impératif et urgent de faire sauter le carcan du profit. Ils exigent le droit à la parole pour les travailleurs, la démocratie la plus large, l'autogestion. Ils appellent la modification des rapports des hommes entre eux, et des rapports des hommes avec la nature.

La lutte pour le progrès scientifique et technique et la lutte pour sa maîtrise par les travailleurs et la nation constituent, à mes yeux, un seul et même combat : le combat pour la libération de l'être humain, pour l'épanouissement de chaque personnalité.

nucléaire : le vrai combat

Tout cela permet à chacun de comprendre la position irrévocable du Parti communiste français sur la question tant controversée du recours à l'énergie nucléaire. J'y ai beaucoup réfléchi, j'ai procédé à des consultations approfondies.

Une première constatation me paraît capitale : pour satisfaire les besoins diversifiés de l'ensemble des femmes et des hommes de notre pays, pour remplacer progressivement le travailleur par les machines dans l'accomplissement de tâches pénibles et dangereuses, pour exploiter les ressources inutilisées, pour développer les moyens d'investigation et de connaissance, la France doit disposer de ressources énergétiques importantes. Et cela en assurant l'indépendance de son approvisionnement. On peut éviter les gaspillages — et il faut absolument le faire —, mais ça ne suffit pas. Le recours à l'énergie nucléaire est donc indispensable.

Certains nous disent : « C'est dangereux. » D'autres : « Ce ne peut être au mieux qu'un pis-aller. »

Eh bien, quand je lis ces « antinucléaires », leurs écrits me rappellent certains récits de mes parents sur les campagnes menées contre l'électricité. A l'époque, on ne disait pas « société nucléaire : société policière », mais on disait « société électrique : société diabolique ». Un ami breton m'a rapporté que, dans son village natal — le hasard veut que ce ne soit pas très loin de Plogoff —, le conseil municipal s'était prononcé contre l'électrification sous prétexte que ça allait mettre le feu aux granges et faire tourner le lait des vaches. Des faits semblables se sont produits dans toutes les régions de France, et ma Normandie natale n'a pas échappé à ces peurs insensées. Depuis, ce village et ses semblables ont, bien sûr, accepté l'électricité et... le lait des vaches n'a pas tourné. J'imagine même que leurs habitants d'aujourd'hui seraient bien ennuyés s'ils devaient se passer d'électricité, par exemple... pour traire leurs vaches.

Depuis dix ou vingt ans, des millions de personnes, en France et dans le monde, habitent à proximité de centrales nucléaires sans problèmes particuliers. Les variations de radio-activité relevées dans l'environnement de ces centrales sont plus faibles que les variations de radio-activité naturelles enregistrées lorsqu'on passe d'une région à une autre, en fonction de la composition géologique du sous-sol ou de l'altitude.

Alors, pourquoi ces campagnes contre l'énergie nucléaire ?

Je le dis tout net aux jeunes dont les aspirations à protéger la nature et à vivre libres peuvent être récupérées et détournées par les « antinucléaires » : ces campagnes sont des pièges. Elles dissimulent des objectifs politiciens inavouables. Regardez comment la plupart de ceux qui manifestent contre l'implantation des centrales nucléaires pacifiques ne lèvent pas le petit doigt contre l'installation de missiles nucléaires de l'OTAN en Europe ou contre la fabrication de la redoutable bombe à neutrons. Il en est même parmi eux qui défendent ce nucléaire-là et en réclament le développement.

Aujourd'hui plus aucun parti politique, plus aucune organisation syndicale n'osent se prononcer carrément contre l'utilisation civile de l'énergie nucléaire. On les trouve à Paris pour le nucléaire, mais contre à Plogoff et partout où le problème se pose concrètement. Ou bien, pour escamoter leur dérobade, ils parlent de « référendum ».

Si les politiciens qui manquent à ce point de sérieux pensent en tirer un bénéfice électoral, ils se trompent. Leur attitude témoigne d'un profond mépris des citoyens.

Quelle que soit la forme prise par les campagnes contre l'énergie nucléaire, M. Giscard d'Estaing n'a pas grand-chose à en craindre. Au contraire, elles lui permettent d'avoir l'air cohérent et responsable. Elles lui donnent des arguments pour justifier le rationnement, les menaces de délestage, ou encore le fonctionnement des installations au-delà des limites de sécurité. Elles apportent une caution — que je n'ose pas dire « de gauche » — à sa politique d'austérité, de « croissance sobre », d'abandon national. Et elles escamotent les vrais problèmes : ceux de la mainmise du capital sur le nucléaire, ceux des menaces que la course au profit peut faire peser sur la sécurité.

Non, il n'y a pas de source d'énergie qui par nature

serait porteuse de tous les maléfices, tandis que d'autres ne comporteraient que des bienfaits.

Et qu'on ne m'oppose pas le problème des « déchets » ! A vrai dire, ce mot même de « déchets » est un piège. A leur sortie des centrales, les combustibles nucléaires ne sont pas des produits sans valeur. Aux usines de La Hague et de Marcoule ces combustibles sont retraités. Une partie d'entre eux fournit, d'ores et déjà, en particulier, le plutonium indispensable pour faire fonctionner la deuxième génération de centrales nucléaires, celles qu'on appelle les surrégénérateurs. Quant à la partie minime qui n'est pas pour l'instant d'un usage direct, on sait la neutraliser en la stockant ou en la transformant sans risque pour la population. Contrairement à ce qu'affirment les docteurs *Tant-pis,* l'écologie nucléaire est beaucoup plus avancée que celle de bien d'autres activités industrielles.

Les multinationales — le plus souvent les mêmes ! — sont à l'œuvre dans le solaire comme dans le nucléaire, dans le pétrole ou le charbon comme dans l'énergie éolienne : rien n'échappe à leur voracité. Voilà contre quoi il faut lutter ! Voilà ce qu'il faut changer !

Le vrai combat, pour les travailleurs, les jeunes, c'est celui du développement de l'énergie nucléaire et de sa maîtrise par la nation. Quant à la sécurité des installations, je lutte pour elle avec les travailleurs du nucléaire qui sont les premiers intéressés. Je fais confiance à leur compétence et à leur esprit de responsabilité. Qu'on leur donne donc les moyens d'intervenir efficacement ! Et d'abord ce moyen décisif : la démocratie.

Ce combat, les communistes français l'ont livré dès la Libération, quand l'utilisation pacifique du nucléaire a fait ses premiers pas, en particulier sous l'impulsion du physicien communiste Frédéric Joliot-Curie à qui revint de diriger, le premier, le Commissariat à l'énergie atomique et que je revois avec émotion siéger en toute simplicité au Comité central de mon parti. Ce combat du nucléaire pacifique, continuons-le !

Plus généralement, menons ensemble le combat de la science et du progrès.

Le combat du bonheur.

2

le monde va de l'avant

S'il est possible en France de sortir de la crise et de changer le cours des choses, c'est aussi parce que le monde va dans ce sens-là.

Je le sais, cette affirmation peut étonner. Tant d'événements internationaux sont présentés à la télévision et à la radio comme des menaces, des reculs de l'humanité ! Tant de prophètes de la catastrophe ne prétendent apercevoir à l'horizon que les nuages noirs de la barbarie !

La réalité n'a rien, absolument rien à voir avec ces caricatures. En ce XXe siècle, qui restera — j'en suis convaincu —, comme un grand siècle de l'histoire, nous vivons une transformation profonde.

dans quel sens tourne le monde

Avant-hier utopie, hier prévision scientifique, le socialisme est entré dans la réalité de manière irréversible un jour d'octobre 1917. Depuis il ne cesse de grandir. De l'Union soviétique à Cuba, de la République démocratique allemande à la Chine, de la Pologne à la Yougoslavie, quatorze pays se sont donné un régime socialiste. D'autres, comme l'Algérie ou l'Angola, avancent à leur manière sur cette voie.

Dans les pays capitalistes, les travailleurs conduisent des luttes nombreuses et diversifiées. Ils imposent des limites aux prétentions du capital. La démocratie marque des points. Les aspirations au changement, les idées du socialisme progressent.

En un court délai historique, des dizaines et des dizaines de peuples se sont débarrassés du colonialisme et ont conquis leur indépendance. Le mouvement de libération nationale s'affirme sur des objectifs toujours plus avancés.

En liaison avec ces grands mouvements, de puissants courants libérateurs ont pris leur essor. C'est d'abord la lutte des femmes pour leur libération, pour l'égalité, pour le rejet des mentalités d'un autre âge : il s'agit là d'un des mouvements les plus importants du siècle. Ce sont aussi les aspirations écologistes à un monde qui soit mieux en harmonie avec la nature. C'est l'aspiration des jeunes à une société fraternelle et pacifique. C'est la volonté de liberté et d'égalité pour chacune et chacun.

Partout il s'agit de passer de l'ancien au nouveau. Du monde fondé sur l'exploitation, l'oppression, la violence, l'ignorance, à un monde basé sur la connaissance, la conscience, la liberté et la paix. Cette transformation est au cœur de la crise du capitalisme. Car cette crise est à la fois décadence d'un système périmé et naissance d'un monde nouveau.

Les événements sont complexes. Il y a des avancées et des revers. Mais le sens général de l'évolution est net. Ce qui progresse, c'est la libération sociale, nationale, humaine. Elle a même tellement progressé au xxe siècle que ce progrès a changé la face du monde.

la vérité sur le bilan du socialisme

D'abord le capitalisme a cessé de régner partout en maître.

Un autre système social est né.

Le premier mérite des peuples qui ont réalisé cette transformation, c'est d'avoir prouvé qu'on peut vivre sans patron. Ce n'est pas rien quand on sait la force de ce dicton populaire fondé sur l'expérience de siècles d'exploitation : « Il y a toujours eu des patrons, il y en aura toujours. »

Eh bien, non ! Il y a maintenant des pays sans patron pour régenter l'économie et l'Etat. Et, à partir de là, les choses y vont mieux, beaucoup mieux. C'est l'essentiel.

Lors de son 23e Congrès, en mai 1979, le Parti communiste français a parlé de « bilan globalement positif des pays socialistes ». Pour porter cette appréciation, nous refusons, et les lunettes roses, et les lunettes noires. Nous observons et prenons en compte la réalité telle qu'elle est. Nous le faisons avec sérieux, c'est-à-dire en considérant d'où sont partis ces pays et à quel rythme ils évoluent par rapport à des pays dont la situation était au départ comparable à la leur. Par exemple, la Bulgarie et la Turquie ; la Chine et d'autres pays asiatiques ; Cuba et le Guatemala ou Saint-Domingue...

Ces comparaisons sont favorables au socialisme. L'expérience vérifie sa supériorité.

Il existe des fléaux qui appartiennent encore au présent de dizaines de peuples et qui faisaient hier — c'est-à-dire parfois il y a tout juste trente ans — partie de la réalité des pays passés au socialisme. Je pense à la faim, à l'analphabétisme, aux épidémies dévastatrices, à la misère, au dénuement. Avec le socialisme ces fléaux ont disparu. Pour toujours.

Il existe un autre fléau que nous ne connaissons que trop chez nous : le chômage. Là où le socialisme s'est édifié, en Union soviétique, en République démocratique allemande, en Pologne, le chômage a disparu. Une exception : la Yougoslavie, pour des raisons particulières. Chacun mesure-t-il à sa valeur ce que représente le fait d'être sûr que, dans sa vie, on trouvera toujours un travail qui permette de vivre décemment ?

Et comme chacun voudrait chez nous avoir la certitude de pouvoir étudier quelle que soit son origine sociale s'il en a les capacités et la volonté ! La certitude de pouvoir se soigner sans « coup dur » pour la famille ! La certitude de voir son niveau de vie progresser avec la production des richesses sociales ! Cette sécurité du présent et du lendemain, les travailleurs et les travailleuses l'ont conquise avec le socialisme, et leur vie en a été changée.

Une croissance économique forte et régulière a fourni les moyens de ces transformations matérielles. En 1917, la production industrielle de la Russie représentait 3 % de celle du monde. Celle de l'Union soviétique représente aujourd'hui plus de 20 %. En 1950, les pays socialistes d'Europe fournissaient 18 % de la production mondiale. Plus de 30 % aujourd'hui. Malgré un ralentissement, cette progression continue, dans les dernières années, à être largement supérieure à celle des pays capitalistes. Plus 20 % de 1976 à 1979 pour l'Union soviétique. Plus 26 % pour la Pologne. Plus 20 % pour la Yougoslavie. Mais plus 7,2 % pour la France. Drôle de « faillite » du socialisme, ne trouvez-vous pas !

Et l'agriculture ? Son développement se heurte à des difficultés climatiques, et aussi à des problèmes de structures et d'organisation. N'empêche. L'Union soviétique a vu sa production agricole progresser en moyenne de 2,7 % par an depuis vingt ans. La récolte annuelle moyenne de céréales, entre 1956 et 1960, a été de 121 millions de tonnes, et de près de 200 millions de tonnes pour les années 1975-1980. L'Union soviétique n'aurait pas assez de céréales pour se nourrir ? Sornettes. Elle en produit plus qu'elle n'en consomme. Mais elle en réexporte pour aider certains pays et en utilise pour améliorer ses productions animales. Le boycottage de M. Carter se retourne contre les producteurs américains. Quant à la Bulgarie, qui bénéficie de bonnes conditions climatiques, ses résultats sont remarquables. Moins développée que la Grèce avant 1939, elle est aujourd'hui loin devant. Sans parler de la Turquie misérable dont les fils cherchent du travail en Allemagne fédérale ou en France.

Ces progrès s'effectuent non seulement sans chômage, mais encore sans l'inflation galopante que nous connaissons chez nous. Il y a bien eu des hausses de prix de certains produits, en particulier en Hongrie et en Pologne. Mais ces hausses, résultant à la fois des retombées de la crise capitaliste et d'une nouvelle politique des prix, s'accompagnent de mesures sociales en faveur des salariés les moins payés, des familles et des retraités. Et, au total, le rythme de hausse reste modéré.

Naturellement, tout cela ne va pas sans problèmes. Les événements de Pologne montrent que les mesures ne sont pas toujours prises de la meilleure façon ; il y a des erreurs, des retards, des obstacles divers. J'y reviendrai.

Dans les pays socialistes européens, le nombre

d'appareils électroménagers par famille a pratiquement rejoint celui des pays capitalistes. Parmi ces biens de consommation durable, seule l'automobile fait encore exception. Mais ça ne durera sans doute pas, j'ai vu à Budapest... des « bouchons ».

Il me faudrait encore parler des loyers et charges qui représentent en Union soviétique 4 à 5 % du salaire, du métro qui n'a pas augmenté à Moscou depuis... 1935. Il coûte 35 centimes.

Il me faudrait parler des multiples réalisations sociales qui favorisent l'accès aux soins, au savoir, à la culture, au sport. Il y a un médecin pour 700 habitants en France. Il y en a un pour 500 en République démocratique allemande, un pour 400 en Union soviétique, un pour 550 en Bulgarie. En Turquie, il y en a un pour 3 300. Dans les pays socialistes, les travailleurs ne paient aucune cotisation de Sécurité sociale, ce sont les entreprises qui versent à l'Etat. A Cuba, la mortalité infantile est descendue au niveau des pays développés. Elle y est deux à trois fois moindre que dans les autres pays d'Amérique latine.

Il me faudrait parler de l'enseignement. C'est l'une des plus belles réussites du socialisme. Déjà, en République démocratique allemande, en Union soviétique, la quasi-totalité des enfants terminent leurs études secondaires. Et des études d'un niveau très élevé. Les résultats sont si éloquents qu'un homme comme M. Michel Poniatowski a été amené à reprendre ce jugement d'un professeur universitaire : « La disparité entre le niveau scientifique et mathématique d'un ouvrier spécialisé ou d'un soldat moyen en Union soviétique et celui de leur équivalent américain est tellement énorme que toute comparaison est dépourvue de sens. »

Avec le socialisme, la situation de la femme s'est profondément modifiée. Sans doute tout n'est-il pas résolu, en particulier pour l'accès aux postes les plus élevés de responsabilités. Mais quel changement ! En

République démocratique allemande, 5 % des femmes avaient une formation professionnelle il y a trente ans. Elles sont 68 % aujourd'hui. 40 % des ingénieurs sont... féminins. En Union soviétique, les femmes constituent 71 % des médecins, 73 % des techniciens, 43 % des ingénieurs. En matière d'aide à la famille, les efforts sont considérables. En République démocratique allemande, 603 enfants de moins de trois ans sur 1 000 sont pris en charge dans des crèches, alors qu'on en compte 60 pour 1 000 en France, soit dix fois moins. Partout sont accordées des primes pour frais de garde à domicile, des prêts pour l'installation des jeunes couples, des congés spéciaux. En Tchécoslovaquie, les jeunes mères peuvent rester chez elles pendant six mois pour élever leur premier enfant en percevant la totalité de leur salaire, et encore un an supplémentaire avec une part du salaire pour les enfants suivants.

J'aimerais parler longuement du sport. Les pays socialistes considèrent le sport comme un facteur de développement humain et social et lui accordent une place éminente. En Union soviétique, l'éducation physique et sportive est obligatoire pour tous les élèves de 7 à 18 ans, et c'est une éducation sérieuse, dotée de moyens. Telle est la base d'un sport de masse sans égal, puisqu'on compte dans ce pays 65 millions de licenciés sportifs. Il n'est pas surprenant, dans ces conditions, que les pays socialistes obtiennent des résultats remarquables dans le sport de haut niveau, comme on vient de le voir aux Jeux olympiques.

L'Union soviétique occupe la première place au monde pour la fréquentation des théâtres, des cinémas, des salles de concert, des musées, des bibliothèques. A l'opposé de ce désert de la culture et de la création qu'on nous décrit ici, la vie artistique, littéraire, cinématographique y bouillonne. Que connaissent les Français des écrivains tels que Aitmatov, Abramov et des dizaines d'autres, des artistes tels que Vissotsky, Akovdja, des poètes tels que Voznessenski, des savants tels que le chimiste Nesmeianov ? Pour eux, il n'existe en général qu'un écrivain : Soljenitsyne, un savant : Sakharov, un mathématicien : Pliouchtch ! C'est bien peu de dire que cette vue imposée aux gens de chez nous est déformante. En vérité, elle est grotesque.

Oui, mais la démocratie, la liberté ? Je pourrais répondre en reprenant tout ce que je viens d'évoquer. Qu'est-ce, en effet, que la liberté... sans travail, sans toit, sans métier ? Mais parlons des libertés de parler, d'agir, de décider. Il y a eu, c'est vrai, des erreurs tragiques. Il y a, c'est vrai, des insuffisances, des fautes, je vais y revenir.

Mais le socialisme a-t-il permis un développement de la démocratie dans ses différentes dimensions ? A-t-il permis — en partant de la situation de chacun des pays —, un progrès dans la capacité des individus, du peuple, de prendre leur place dans la vie nationale, de réaliser leurs aspirations, d'intervenir dans tout ce qui les concerne ? Oui, certainement oui. Le progrès est incontestable. Il s'agit même d'une transformation profonde : que ce soit dans l'entreprise, dans la vie locale ou associative, dans l'élaboration des décisions nationales.

apport du socialisme à l'humanité

C'est cela, dès aujourd'hui, le bilan historique du socialisme. Mais c'est aussi son apport à l'humanité.

Cet apport, c'est d'abord la paix mondiale. Vingt et un ans s'étaient écoulés entre la Première et la Seconde Guerre mondiale. Il y a trente-cinq ans que celle-ci a pris fin. Déjà quatorze ans de plus. Pourquoi ? Qu'est-ce qui a changé ? Ce qui a changé, c'est le rapport des forces entre les fauteurs de guerre et les peuples. Ceux-ci peuvent compter sur le mouvement ouvrier et démocratique des pays capitalistes, sur le mouvement de libération nationale. Mais c'est le socialisme qui est la force décisive. Parce que le socialisme, c'est la paix. Parce que les pays socialistes ont inscrit la coexistence pacifique, la coopération, l'amitié entre nations parmi leurs grands objectifs. Oui, il faut le dire, si l'humanité a écarté la guerre mondiale depuis trente-cinq ans, elle le doit d'abord à l'Union soviétique et aux autres pays socialistes.

Cet apport du socialisme, c'est aussi, du même coup, l'aide qu'apporte à la lutte des travailleurs et des peuples le changement du rapport des forces mondiales. Je ne parle pas seulement de l'aide matérielle et politique que les pays socialistes fournissent aux pays en voie de développement. Je parle du fait que c'est, pour une bonne part, grâce à ce changement que nous pouvons envisager dans un pays comme le nôtre une voie originale au socialisme, moins coûteuse, différente.

socialisme et démocratie

Toutes ces données, qui peuvent être complétées par beaucoup d'autres de même nature, sont aisément vérifiables. Ce sont des faits, des observations découlant d'une analyse éloignée de tout jugement excessif.

Pourtant, disant cela, les communistes français sont insultés, vilipendés. A longueur d'heures d'antenne et de colonnes de journaux, une campagne organisée instruit le procès permanent du socialisme. Le verdict est toujours le même : le socialisme, ce serait l'enfer ! Quelle haine, quel dépit ! Et quel mépris de la vérité !

La raison de ce déchaînement est simple. Si les travailleuses et les travailleurs de notre pays prenaient connaissance du bilan réel du socialisme, de sa réalité toute nue — sans fards et sans mutilations — ils en tireraient une conclusion : pourquoi ne pas essayer de construire chez nous, à notre manière, le socialisme ? Et les exploiteurs perdraient leurs privilèges. Ces gens en ont des cauchemars rien que d'y penser. Alors ils mentent, déforment, insultent, menacent. Ils font tout pour cacher la vérité aux travailleurs, pour ruiner leur espoir d'une société plus juste, plus libre, plus humaine en inventant un visage hideux du socialisme.

Certains hommes de gauche, les dirigeants socialistes en particulier, participent à ce procès. Sans doute cherchent-ils à faire oublier qu'ils n'ont eux-mêmes nulle part réalisé le socialisme, à justifier la manière dont ils « jettent l'éponge » chaque fois qu'il s'agit de s'attaquer vraiment au capital.

Les uns et les autres ressassent ce qui est à leurs yeux le suprême argument : « Staline ! Le Goulag ! » A les entendre, nous devrions sous cette condamnation renoncer à parler, à lutter, à exister. La pression est telle que des travailleurs, des démocrates dont je ne soupçonne pas la bonne foi y cèdent. Je ne parle pas de ces stratèges qui confondent lutte de classe et marche de crabe.

Je refuse ce terrorisme intellectuel et politique. Et, je le sais bien, tous les communistes français .- ou presque — le refusent également. Nous nous sommes expliqués là-dessus, et de la manière la plus claire. Ce que nous avons dit, je le résume en trois observations.

En premier lieu, nous n'avons pas de leçons de démocratie et d'humanisme à recevoir de ceux qui ont sur les mains et sur la conscience le sang de dizaines de millions d'êtres humains tombés dans *leurs* guerres, les souffrances de dizaines et de dizaines de peuples victimes de *leur* colonialisme, la sueur et les larmes de tous les travailleurs soumis à *leur* exploitation.

Le mérite des communistes, et d'abord celui des communistes soviétiques à leur 20e Congrès, en 1956, est d'avoir dévoilé la vérité sur Staline, sur les erreurs tragiques et les crimes qui ont marqué cette période.

Nous avons, pour ce qui nous concerne, prononcé contre le stalinisme « une condamnation sans appel parce que les conceptions et les pratiques que recouvre cette expression sont totalement étrangères à notre idéal et à notre politique ». C'est bien, en effet, parce que ces conceptions et ces pratiques étaient contre-nature pour des communistes que nous en avons été si profondément affectés et que nous en tirons pour nous-mêmes toutes les leçons. J'ai parlé un jour de la nécessité d'avoir les yeux ouverts. Eh ! bien, nous avons, nous gardons les yeux ouverts. Grands ouverts. Et pour toujours.

Mais ces messieurs les procureurs ? Où est-elle la reconnaissance de leurs crimes monstrueux ? J'ai beau chercher. Je ne trouve pas dans leurs propos la moindre amorce d'une critique. Pourquoi ? Tout simplement parce qu'ils ont toujours eu un comportement conforme à la nature du système qu'ils défendent. C'est si vrai que, bien loin d'exprimer des regrets, ils se vantent de leurs « exploits ». Ne vient-on pas d'entendre M. Giscard d'Estaing exalter la « grande aventure » des mercenaires d'Indochine et l'un de ses ministres honorer un tueur de l'O.A.S. ? Quel cynisme !

En second lieu, l'histoire est ainsi faite que toute cette période qui a été marquée par le « stalinisme » et tout ce qu'il a d'inacceptable est en même temps celle qui a vu se réaliser de grandes transformations sociales au bénéfice des peuples concernés.

Je repousse catégoriquement la thèse souvent soutenue par nos adversaires selon laquelle les victimes du stalinisme représenteraient le « prix » à payer pour réaliser le socialisme. Non, il y a des choses qui ne sont acceptables à aucun prix, dans aucun but. Rien ne les justifie. Même s'il est évident que le « prix » du capitalisme est incomparablement plus élevé — ce que nos critiques « oublient » toujours de dire ! Au contraire, je pense que les fautes et les crimes du

« stalinisme » ont constitué un lourd handicap, un frein au développement du socialisme.

Sur les conditions et les raisons de ce qui s'est passé, la recherche et la réflexion sont bien engagées. Il faut les poursuivre.

Mais, en le faisant, prenons garde de ne pas récrire l'histoire dans un sens ou dans l'autre, hors du réel. Oui ou non, tous ces peuples ont-ils eu raison de s'engager dans la voie du socialisme ? En ont-ils tiré un bénéfice considérable pour eux-mêmes et pour l'humanité tout entière ? Je réponds : oui, sans aucun doute.

En troisième lieu, il faut observer dans quel sens s'effectue l'évolution. Le capitalisme s'enfonce dans sa crise et nourrit sans cesse les agressions les plus graves contre la liberté des individus et des peuples. Seule la lutte de ceux-ci le tient en respect, lui impose des reculs, mais ces acquis sont menacés tant que le capitalisme demeure.

Le socialisme, lui, avance. Je l'ai dit, la dénonciation des crimes et des fautes a ouvert la voie à leur élimination. C'est indéniable. Toutefois, des atteintes aux libertés interviennent ici ou là et manifestent la persistance de séquelles du passé, à propos desquelles nous estimons de notre devoir de prendre position — publiquement ou non —, dans un esprit de responsabilité et avec le souci d'être efficaces.

Par-delà cet aspect des choses, les pays socialistes connaissent actuellement des problèmes qui sont en gros de deux ordres. Ils subissent les retombées de la crise des pays capitalistes, du freinage de la croissance, de l'inflation, des désordres monétaires. Ils sont aussi souvent confrontés à des problèmes internes nés de leur propre développement. Au plan économique, les réserves de main-d'œuvre s'épuisent, on en manque. Le dégagement des moyens énergétiques, la mise en œuvre de nouvelles technologies exigent des investissements importants. Avec les progrès du niveau de vie les besoins sociaux deviennent plus divers et plus complexes à satisfaire. Plus généralement, la direction de la société et son progrès appellent la participation de plus en plus large de tous ses membres aux choix et aux décisions ; elles exigent l'élaboration et la mise en œuvre de mécanismes qui permettent d'aborder ouvertement les problèmes et de les résoudre au bénéfice du socialisme, de donner libre cours au dynamisme interne de ce nouveau système.

Nous touchons là à une question de fond : celle de la démocratisation progressive de toutes les structures de la société et de tous les rapports sociaux. C'est un objectif et en même temps un besoin du socialisme, une exigence générale de ce type avancé d'organisation sociale. Ce que le Parti communiste français appelle la composante démocratique universelle du socialisme. Nous avons, vous le savez, une divergence avec nos camarades soviétiques sur cette question centrale. Nous avons, eux et nous, une vision différente des voies et moyens par lesquels le socialisme peut et doit se développer.

Mais il serait tout à fait contraire à la réalité d'établir un quelconque parallèle entre la situation d'aujourd'hui et celle qui prévalait sous le « stalinisme ». Il ne serait pas moins inexact de nier les initiatives nombreuses et diverses qui sont prises dans différents pays socialistes et qui font progresser les choses.

la nouvelle vague de la libération nationale

Avec le socialisme, un autre phénomène a modifié le monde de fond en comble : c'est l'effondrement du colonialisme, un extraordinaire mouvement de libération nationale.

Ils sont nombreux, les Françaises et les Français, qui se souviennent comme moi de ces cartes du monde étudiées à l'école où s'étalaient en larges taches de couleur les empires coloniaux. C'était hier. La planète a changé d'habit.

Au sortir de la Seconde Guerre mondiale, l'Afrique ne comptait que trois Etats indépendants : l'Ethiopie, le Libéria et l'Afrique du Sud. Il y a quelques mois, le Zimbabwe (c'est-à-dire l'ancienne Rhodésie) est devenu le cinquantième membre indépendant de l'organisation des Etats africains, l'O.U.A. En Asie, on ne trouvait que huit Etats plus ou moins indépendants : on en compte près de vingt-cinq aujourd'hui. En Océanie, ils n'étaient que deux — Australie et Nouvelle-Zélande — ; ils sont dix aujourd'hui ; ils passent à onze avec l'indépendance des Nouvelles-Hébrides. Dans la zone caraïbe, une dizaine de jeunes Etats sont venus rejoindre Cuba, Haïti et Saint-Domingue. Au Proche-Orient, le colonialisme a aussi été éliminé, et quinze Etats y existent. En Europe même, Malte et Chypre sont devenues indépendantes.

Sans doute, l'indépendance politique n'a constitué et ne constitue qu'une étape dans le mouvement de libération nationale. Des différenciations s'établissent entre les pays nouvellement indépendants.

Dans la dernière décennie, ce mouvement s'est donné de nouveaux objectifs plus élevés, liant étroitement l'indépendance politique à l'indépendance économique, à la maîtrise des richesses nationales, à la création des conditions permettant de sortir du sous-développement, à l'égalité des droits, à la liquidation des régimes d'exploitation et d'oppression. Dans cette direction des succès ont été enregistrés.

Depuis les conférences de Bandoeng et de Brioni en 1955 et 1956, marquées par les personnalités de Tito,

Nasser et Nehru, le mouvement des non-alignés n'a cessé de se développer. Les premiers dirigeants de quatre-vingt-quinze Etats et de deux mouvements nationaux se sont réunis, en juillet 1979, à La Havane. Malgré les pressions impérialistes, ils ont affirmé leur volonté que soient prises des mesures concrètes pour établir plus de justice dans les rapports internationaux, pour faire reculer les fléaux qui les frappent. Elu président de ce mouvement, Fidel Castro s'est exprimé en leur nom à la tribune de l'ONU.

Des changements se succèdent dans de nombreux pays. Après la victoire historique du Vietnam, après celle de l'Angola, après la consolidation du pouvoir progressiste à Madagascar, au Mozambique et dans d'autres pays africains, c'est la dictature de Somoza qui s'écroule au Nicaragua, celle du Chah en Iran, celle du sinistre Pol Pot au Cambodge. C'est le Zimbabwe qui naît et conquiert l'indépendance, la République démocratique sahraouie et le Front Polisario qui obtiennent d'importants succès politiques et militaires, l'Organisation de libération de la Palestine qui s'affirme comme le représentant du peuple palestinien. En Amérique latine la lutte est de plus en plus acharnée et des modifications interviennent jusque dans l'attitude de certains gouvernements qui refusent l'interventionnisme des Etats-Unis, par exemple, au Mexique. Des mouvements populaires, des grèves secouent le Salvador, le Guatemala, le Brésil.

Rarement, des changements aussi nombreux se seront produits en une aussi courte période. Et ce n'est pas fini !

Ce mouvement ne va pas sans luttes. L'impérialisme tente d'y faire obstacle, de reconquérir des positions perdues. Mais il éprouve de plus en plus de difficultés à le faire, il essuie des échecs.

Ainsi l'Afghanistan. Les impérialistes auraient voulu écraser la jeune république afghane, noyer dans le sang le mouvement progressiste de ce pays, à la manière chilienne ou indonésienne, établir une situation d'instabilité et de provocations à la frontière soviétique. A cet effet, ils ont soutenu les forces moyenâgeuses d'Afghanistan, en intervenant par Pakistan interposé. La révolution afghane, appelant à son secours l'Union soviétique, les en a empêchés. Ils ont échoué. A ce sujet, il me faut observer, en le déplorant, le comportement de la Chine contre l'Afghanistan ; de même qu'il me faut bien regretter le soutien qu'elle apporte au bourreau Pol Pot et la lutte qu'elle mène contre le Vietnam confronté depuis plus de trente ans aux agressions du colonialisme et de l'impérialisme.

Je reviens à l'Afghanistan. Les impérialistes auront beau faire, ils doivent en prendre acte : aujourd'hui, le droit pour un pays de conclure des accords internationaux d'aide mutuelle n'est pas réservé au club des riches capitalistes. Le droit des peuples à disposer d'eux-mêmes est un principe auquel nous tenons : il faut en imposer le respect à ceux qui ne cessent d'abuser de leur force pour intervenir contre les peuples, c'est-à-dire aux impérialistes. Non, la révolution ne s'exporte pas, mais la contre-révolution non plus. Il ne fallait pas laisser les Américains réaliser l'apocalypse au Vietnam — pour reprendre le titre d'un film qui m'a bouleversé. Il ne fallait pas abandonner l'Angola aux racistes sud-africains. Si, par contre, un pays socialiste intervient dans les affaires d'un peuple sans justification, nous ne sommes pas d'accord ; d'où notre position sur l'affaire tchécoslovaque d'août 1968 qui n'a pas varié et ne variera pas. Pour l'Afghanistan il reste à imposer une solution politique garantissant au peuple afghan son libre développement démocratique et la paix dans la région.

Prenons un autre pays : l'Iran. Les mêmes qui encensent les « résistants » musulmans afghans ne voient dans les musulmans iraniens que « des religieux fanatiques et totalitaires ». Les bons apôtres ! Pourquoi n'étaient-ils pas saisis des mêmes indignations vertueuses quand un dictateur sanglant sévissait à Téhéran ?

Nous n'approuvons pas tout ce qui se fait en Iran. Des idées, des méthodes ne sont pas les nôtres. Par exemple, les prises d'otages. Cela dit, il ne nous appartient pas de faire la leçon. Le peuple iranien a son histoire, sa culture, ses manières d'être. Et surtout, ce peuple a des comptes à régler avec l'oppresseur d'hier et ses amis américains, et il les règle. L'Iran était, il y a à peine plus d'un an, une pièce maîtresse du dispositif stratégique impérialiste. 30 000 soldats yankees l'occupaient et encadraient l'armée du Chah. Son peuple a balayé la dictature, affirmé sa volonté d'indépendance et de liberté. C'est cela l'essentiel. Ce qui compte à nos yeux. Ce qui fait enrager l'impérialisme.

Je pourrais poursuivre. A travers une diversité foisonnante de situations et de formes, une succession d'événements aux aspects complexes et parfois contradictoires, un même mouvement se fraye le chemin et déferle à travers le monde.

Il a écrit sur ses drapeaux : indépendance, mieux-être, progrès, liberté.

et en france ?

Après avoir parlé du socialisme et du mouvement de libération nationale, il me faudrait examiner cette troisième composante de la marche révolutionnaire du monde : les luttes ouvrières et démocratiques dans les pays capitalistes. Il me faudrait, par exemple, parler des combats économiques, sociaux, politiques qui s'y déroulent. Il me faudrait rappeler que ces combats ont conduit, dans les dernières années, à la chute des régimes fascistes qui opprimaient le Portugal, la Grèce et l'Espagne. Il me faudrait citer les Partis communistes qui se renforcent, tels ceux du Portugal, de la Grèce, de la Suède.

Mais c'est sur la France — dont les combats populaires ne peuvent être séparés de toutes les luttes conduites par les travailleurs et les peuples des autres pays — que je veux seulement m'arrêter.

Il n'est pas inutile, à l'occasion d'un livre comme celui-ci, de s'élever au-dessus de l'affrontement quotidien et de mesurer les changements intervenus au XXe siècle. Ils sont importants.

Hier, la classe ouvrière française avait peu de place dans la société. Surexploitée et bafouée, elle campait — tels les barbares — aux portes de la cité.

Elle a conduit des luttes nombreuses, dures, parfois exceptionnelles. Ce qu'elle a arraché aux exploiteurs est appréciable. La durée du travail a été limitée, l'exploitation des enfants interdite, les congés payés obtenus : deux semaines en 1936, trois en 1956, quatre en 1969. La Sécurité sociale, la retraite ont été instaurées sous l'égide d'un ministre communiste, Ambroise Croizat.

Mais ce n'est pas seulement sa situation matérielle que la classe ouvrière a améliorée ; ce sont aussi ses droits, ses positions, son organisation. 1936 a permis d'imposer la reconnaissance des syndicats, les délégués du personnel, les conventions collectives. 1945-1947, les comités d'entreprise, des nationalisations. 1968, la reconnaissance de la section syndicale dans l'entreprise. Dans tous ces combats, les travailleurs ont fait de l'organisation syndicale la plus puissante — la C.G.T. —, une organisation bien à eux, indépendante, large, capable de les faire respecter. Ils se sont aussi — et ce n'est pas rien — dotés d'un parti politique à eux, qui exprime leur volonté, fait entendre leur voix, assure leur présence dans les assemblées : le Parti communiste français.

Face à l'occupation nazie, la classe ouvrière a affirmé son rôle national, ce qui n'a été possible que grâce à l'existence du Parti communiste et à la politique novatrice qu'il a développée à partir des années 1934-1935.

La classe ouvrière française a grandi en expérience, en force, en conscience d'elle-même, en organisation. Et elle a entraîné dans sa lutte d'autres couches sociales ou parties de la population, permis des pas en avant de la démocratie pour toute la société. Les femmes ont arraché le droit de vote, d'autres droits et libertés, même s'il est vrai qu'il reste beaucoup à faire. Les jeunes ont obtenu le droit de vote à 18 ans.

Rien de tout cela n'est venu seul. Il a fallu la lutte de classe, une lutte acharnée, opiniâtre, organisée.

Cette lutte ne peut être séparée de tous les combats conduits par les travailleurs, les peuples des autres pays capitalistes.

mai-juin 68

Je pense que le mouvement de mai-juin 68 a ouvert une phase nouvelle de ce combat de la classe ouvrière française. Une phase historique qui n'est pas achevée. Je m'explique.

C'est à peu près dans la deuxième moitié des années soixante que s'est ouverte la crise profonde que connaît notre pays. Cette situation nouvelle a suscité une question nouvelle : celle d'un changement de fond capable d'ouvrir une issue positive. Ce changement, c'est le socialisme. Dès lors le socialisme pour la France a cessé d'être seulement un problème de théorie et de lutte des idées ; il est venu à l'ordre du jour de la lutte politique.

Le mouvement de mai-juin 68 en a été la première expression éclatante. Par son ampleur. Par sa puissance. Par les revendications nouvelles, radicales qu'il a fait apparaître. Il a été également empreint de beaucoup de confusion. Les masses en mouvement n'ont pas fait preuve d'une cohésion et d'une détermination telles qu'elles auraient pu mettre en échec les manœuvres et contraindre le Parti socialiste et d'autres forces à s'engager plus avant. Il n'empêche que ce mouvement a largement reflété la dimension nouvelle du combat de classe. Il a produit un ébranlement. Waldeck Rochet, cet homme si sensible et humain qui m'a précédé au secrétariat général du Parti communiste français et auquel je pense souvent, l'a bien perçu. Après avoir prononcé, dès novembre 1967, un important discours sur le thème « Etre révolutionnaire dans la France de notre temps », il a proposé et animé la mise au point, en décembre 1968, du « Manifeste de Champigny », première expression collective détaillée de la recherche par notre parti d'une voie au socialisme adaptée à la France. Cet effort que nous avons poursuivi en nourrissant notre réflexion de l'expérience de la lutte a abouti, avec nos 22e et 23e Congrès, à la définition d'une telle voie et d'un socialisme démocratique, autogestionnaire.

On me dira : 1968, ça fait douze ans. Cela compte dans la vie d'un homme. Mais c'est peu dans la vie d'une nation, surtout quand il s'agit de résoudre une question d'une telle portée.

l'enjeu

Cette question demeure au cœur de l'affrontement que nous vivons aujourd'hui.

Cet affrontement est rude, les travailleurs le savent

bien. Mais comment pourrait-il en être autrement ? Voyez l'enjeu : porter un rude coup à la bourgeoisie, engager une transformation fondamentale en direction du socialisme dans l'une des citadelles du capitalisme. Face à un tel enjeu, les forces du capital — intérieures et extérieures — utilisent tous les moyens qu'elles peuvent mettre en œuvre, multiplient toutes les pressions. Ces pressions se sont intensifiées à partir des années 1974-1975. Elles ont alors pris l'allure d'une contre-offensive du capital international, qui a eu des conséquences dans différents pays, dont la France.

Voilà, au fond, pourquoi le mouvement populaire regroupé autour du programme commun n'a pu se développer dans cette période jusqu'à la victoire. Sous les pressions, le Parti socialiste a reculé. Parce que c'est sa tendance permanente que de reculer devant la mise en cause des positions du capital et de l'impérialisme. Parce que les dirigeants socialistes — à commencer par François Mitterrand — ne voulaient pas vraiment du changement attendu par les travailleurs. Et aussi, nous l'avons dit à notre 23e Congrès, parce qu'avec le programme commun la forme « de sommet » dans laquelle s'est réalisée l'union — s'il est vrai que cette union a eu des conséquences bénéfiques — a néanmoins favorisé une confusion, des illusions, des faiblesses que les dirigeants socialistes ont utilisées pour rompre leurs engagements au moment crucial et conduire la gauche à la défaite en 1978. Une bataille a été perdue, mais, si j'ose dire, pas la guerre. La lutte continue.

C'est si vrai que la bourgeoisie française ne parvient pas à atteindre les objectifs qui s'imposent à elle pour « tenir » dans la crise de manière plus assurée. Elle ne parvient pas à donner à son pouvoir une assise politique assez large pour lui permettre de réaliser sans risques les adaptations dont le capital a besoin pour durer.

Beaucoup dépendra de l'attitude des dirigeants socialistes. Leur orientation à droite a déjà élargi quelque peu la marge de manœuvre des dirigeants du capital. Mais ceux-ci sont bien loin d'avoir gagné. Ils rêvent d'une classe ouvrière docile, acceptant l'austérité et le redéploiement, et même y contribuant, mais ils sont en échec, confrontés à des travailleurs qui ne se laissent pas faire, luttent avec acharnement, imposent des reculs. Ils rêvent d'un Parti communiste affaibli, à genoux, marginalisé, mais ils sont en échec, affrontés à un Parti communiste français qui a tenu, tient et progresse dans différents domaines. Ce parti progressera encore. C'est bien là que se trouve la clé du problème.

avançons ensemble

Que conclure de ce tour d'horizon ?

Nous vivons une période historique passionnante. Ce qui caractérise l'évolution du monde, ce sont les reculs du capitalisme, le rétrécissement de son aire de domination, l'approfondissement de sa crise ; ce sont les progrès de la lutte des peuples pour l'indépendance, la liberté, la paix, le socialisme.

Les dirigeants capitalistes — en premier lieu ceux des Etats-Unis — disposent de puissants moyens. Il faut veiller sur la paix, obtenir la relance de la détente, des mesures de désarmement. Mais si les capitalistes crient si fort en ce moment, ce n'est pas parce qu'ils peuvent agir à leur guise. C'est à cause du contraire. Ils sont en difficulté. Ils prennent des coups. Ils tentent d'y faire face par le mensonge, la caricature, la provocation, les ingérences, le redéploiement dans le monde de leur dispositif d'exploitation des peuples, la course aux armements.

Les peuples peuvent mettre tout cela en échec. Ils

peuvent aller de l'avant. Nous ne sommes ni en 1914 ni en 1939. Nous sommes en 1980.

Les communistes français se situent dans ce mouvement de libération sociale, nationale et humaine. Avec ceux qui bougent, luttent, gagnent.

Nous avons une ambition : que les travailleuses et les travailleurs, les jeunes, que le peuple de France prennent leur place dans ce mouvement. Toute leur place. Car il ne s'agit pas seulement de préserver l'acquis, de gérer ce qui existe. Se limiter à cela aujourd'hui, emboîter le pas à la social-démocratie, ce serait s'interdire de sortir de la crise, de guérir les maux dont le pays souffre, ce serait remplacer la droite pour continuer sa politique, rejeter très vite les travailleurs déçus dans ses bras, repousser le changement pour longtemps.

Non, il faut lutter, lutter pour changer vraiment. Pour moi, faire de la politique, c'est cela.

Le monde va de l'avant.

Nous aussi.

Avançons ensemble.

3

nous crions justice

Si je suis communiste, c'est d'abord pour la justice.

Pleurer sur l'injustice ne suffit pas. Il faut la combattre sur tous les terrains où on la rencontre.

Les inégalités sont si graves en France qu'elles constituent une espèce de « racisme social ». Il faut les faire reculer dans tous les domaines. Voilà la tâche numéro un. Pour un communiste, faire de la politique, c'est avant tout combattre les inégalités.

Je ne vais pas, dans ces quelques pages, exposer un programme. Simplement, je propose quelques orientations qui me tiennent à cœur. Elles découlent de l'expérience et de la réflexion collectives du Parti communiste français, de mon expérience et de ma réflexion. Celles qui proviennent de mes rencontres, de mes voyages, de mon courrier. Celles qu'ont enrichies ou précisées les études conduites avec des syndicalistes, des techniciens, des économistes. Car il ne s'agit pas d'un tableau utopique pour la fin du XXIe siècle. Ça, c'est facile à faire dans la mesure où ça n'engage à rien. Ça peut même servir de somnifère à bon marché pour faire oublier les besoins urgents. Les idées que je soumets ici — en commençant par l'emploi et en abordant ensuite les salaires — ce sont celles qu'il faut et qu'on peut, à mon avis, appliquer en priorité, dès maintenant, sans tirer de plans pour des lendemains lointains.

du travail pour tous

Premier impératif : l'emploi. Le chômage est un fléau auquel il faut mettre fin d'urgence. Et pas seulement le chômage visible, recensé. Mais toutes les formes de chômage, de sous-emploi, de refus d'emploi.

Quels que soient les arguments qu'on cherche à m'opposer, rien ne peut me faire démordre de cette idée simple : chacune, chacun de ceux qui veulent travailler doit avoir un emploi. C'est le premier droit de l'homme. Réaliser le plein emploi est l'obligation d'une société faite pour l'homme, et non pour l'argent.

Il faut donc d'abord garrotter l'hémorragie actuelle. Plus un emploi ne doit être supprimé avant qu'on ait créé un autre emploi. Pour les salariés cela signifie que plus un licenciement ne doit avoir lieu sans reclassement préalable.

Il faut créer tous les emplois nécessaires pour résorber le chômage existant et pour offrir un travail à toutes celles et tous ceux qui désirent travailler. Cela représente, dans les huit ou dix prochaines années, près de quatre millions d'emplois nouveaux, dont une importante majorité sera occupée par des femmes. Si on prolonge l'effort que je suggère jusqu'en l'an 2000 (il est tout proche), la population active de la France dépassera alors 27 millions de personnes.

En même temps qu'au chômage proprement dit il est urgent de s'attaquer à cette autre injustice : le développement rapide et systématique du travail précaire, c'est-à-dire le nombre grandissant des stagiaires, vacataires, auxiliaires, intérimaires, travailleurs hors statuts ou hors conventions collectives, exploitables à merci, constamment en état d'infériorité et d'insécurité. Quatre millions de travailleurs — un salarié sur cinq, parmi lesquels beaucoup de jeunes — sont placés dans cette situation intenable. Il faut au plus vite éliminer toutes ces formes d'emplois précaires. Il faut intégrer ces travailleurs. S'il reste un certain nombre de vrais intérimaires, ils doivent bénéficier d'avantages établis et de garanties strictes. Je considère comme une mesure de moralisation la suppression des entreprises privées de travail temporaire et d'intérim. Ces maisons de négriers doivent être fermées et les services de l'A.N.P.E. doivent être développés pour pouvoir assurer le placement quel que soit le type d'emploi.

du temps pour vivre

Je dis davantage : s'il faut assurer le droit à l'emploi, ce n'est pas pour n'importe quel emploi, dans n'importe quelles conditions. Il faut changer le travail.

De plus en plus, de nos jours, la femme, l'homme ne considèrent pas le travail seulement comme leur gagne-pain. Ils veulent s'exprimer en travaillant.

Il faut donc donner au travail professionnel toute sa valeur humaine — individuelle et sociale. Il faut l'organiser de telle sorte que les travailleurs ne soient pas des robots, épuisés, démolis, parfois privés de leur dignité et atteints dans leur personnalité, mais qu'ils aient enfin le temps de se détendre, de respirer, de vivre.

Cela veut dire d'abord : un temps de travail plus court.

Courir au travail, être chaque semaine pendant quarante heures ou davantage — à la chaîne ou aux machines — sous pression et sous tension, harcelé par les cadences, le bruit, la saleté, la poussière, les odeurs, la chaleur ou le froid, manger en vitesse, s'affaler le soir, tout juste récupérer le samedi et le dimanche, manquer perpétuellement de temps : est-ce vivre ?

Quand on subit cela, on est « vidé », sans ressort, comme paralysé. On n'a plus la force d'apprécier un livre ou un disque. Encore moins celle de sortir. On n'a plus la force de parler tranquillement avec les siens, avec ses amis, de s'aimer, d'avoir des échanges. On n'a plus la force ni la disponibilité nécessaires pour s'informer, militer. Quelquefois on n'a même plus envie de penser. Bref, un rythme insensé mutile les êtres humains. Les femmes, souvent contraintes à une double journée, en souffrent encore plus que les hommes. Il s'ensuit de l'écœurement, parfois de l'agressivité ou de la dépression. Il arrive qu'on perde le goût de vivre.

A mes yeux, ce manque de temps, cet épuisement inhumain des travailleuses et des travailleurs constituent l'une des plus graves injustices. Je me demande pourquoi et au nom de quoi une petite minorité aurait seule le droit de disposer d'assez de temps et de repos pour bénéficier de sorties, de voyages, de périodes d'études, de multiples activités enrichissantes. Pourquoi ce mode de vie resterait-il un privilège ?

Je considère donc que la réduction du temps de travail est un objectif essentiel.

Dans chaque branche, chaque entreprise on devrait négocier immédiatement des plans de réduction de la durée du travail permettant d'atteindre partout un maximum de trente-cinq heures par semaine, sans diminution de salaire, dans les deux ou trois prochaines années. Je dis bien : un maximum. En effet, pour les travaux les plus pénibles, on doit descendre au-dessous de cette durée. Un seul exemple : les sidérurgistes travaillant au feu continu doivent bénéficier de la création d'une cinquième équipe, ce qui correspond à trente-trois heures et demie de travail.

Autre mesure immédiate : la cinquième semaine de congés payés doit être donnée à tous les travailleurs. Et cela sans préalables et sans dérobades !

la retraite

Troisième problème du temps de vivre pour les travailleuses et les travailleurs : la retraite.

A ce sujet, il faut tenir compte de la priorité du plein emploi : mieux valent — dit-on souvent avec bon sens — des retraités bien payés que des chômeurs. Il faut également prendre en considération l'usure prématurée — dans les conditions actuelles — des ouvrières et des ouvriers, surtout quand ils effectuent des tâches dures. Déjà certains d'entre eux, comme les roulants de la S.N.C.F., bénéficient fort justement de la retraite à cinquante ans. Enfin, il faut répondre à l'aspiration de beaucoup de gens à passer, assez tôt dans leur vie, d'une période de travail à temps complet à une période d'activité moindre, ou différente, ou plus diversifiée, et il faut y répondre sans perpétuer certains cumuls déplorables.

« C'est la quadrature du cercle », pensez-vous peut-être.

Je ne crois pas. De la réflexion et de l'étude, de l'imagination, beaucoup de concertation avec les intéressés permettront de trouver des solutions pratiques pour que toutes les travailleuses et tous les travailleurs puissent jouir d'une retraite vraiment humaine.

Je ne peux évoquer ce sujet sans donner mon sentiment sur une injustice qui me révolte particulièrement. L'espérance de vie, vous le savez, varie beaucoup selon la classe sociale à laquelle on appartient. En moyenne les O.S., les manœuvres vivent beaucoup moins longtemps que les autres personnes. La mort — c'est terrible à écrire, mais les statistiques l'établissent sans contestation possible — est aussi une question de classe. Des politiciens ne cachent pas que certaines mesures d'austérité visent même à avancer l'âge de la mort.

Tous les changements dans le travail et dans la société pour lesquels nous luttons feront régresser cette inégalité monstrueuse.

Mais dans l'immédiat cette inégalité a pour conséquence que celui qui meurt plus jeune à cause de ses conditions de travail et de vie ne touche pas les annuités qu'il a versées pour la retraite. Le capitalisme lui vole sa vie et de surcroît son argent ! C'est une raison supplémentaire de moraliser la retraite en avançant l'âge auquel y ont droit celles et ceux qui exercent des métiers pénibles ou dangereux.

Gagner du temps, c'est-à-dire obtenir du temps disponible non seulement pour bien récupérer, mais aussi pour se consacrer à d'autres activités que son travail, cesser d'être une bête de rendement pour devenir un être humain plus complet : voilà donc le premier objectif de ce que j'appelle le meilleur emploi.

moins de fatigue

Le meilleur emploi, cela signifie aussi : un travail moins pénible. Je ne suis pas de ceux qui disent : « Il faudra toujours des manœuvres et des O.S. »

On envoie des hommes sur la Lune, on suit leurs actes à la télévision depuis tous les pays du globe terrestre, on réalise ces opérations complexes à la minute près, et on serait impuissant à alléger la peine de millions de femmes et d'hommes dans les usines, les chantiers, les bureaux ! Cela, je ne l'admettrai jamais. Les sciences, les techniques de notre époque peuvent et doivent être utilisées pour éliminer les travaux pénibles. Là où on ne sait pas encore comment le faire, il faut donner les moyens nécessaires pour pousser les recherches.

Songez au travail à la chaîne. C'est inhumain, c'est dépassé. Il faut aller, dès aujourd'hui, vers sa suppression : en introduisant des robots et des ordinateurs, en modifiant l'organisation du travail. Cela existe à l'état naissant. On peut le développer. Pourquoi attendre ?

Voici un autre exemple. Je propose depuis longtemps, vous le savez sans doute, de développer sur une grande échelle l'exploitation du charbon français. Beaucoup de gens qui se moquaient de nous il y a vingt ans en nous qualifiant de « passéistes », admettent aujourd'hui, comme dit la radio, que « le charbon a du bon ». Le sol de France en recèle pour plusieurs siècles. Mais le métier de mineur, que va-t-il devenir ? Il n'est déjà plus comparable à ce qu'il était au temps du *Germinal* d'Emile Zola. Mais il peut, il doit se modifier encore beaucoup plus profondément si l'on met en œuvre les nouvelles techniques qui transforment le charbon en gaz ou en une sorte de pétrole liquide sans qu'il soit besoin de descendre l'extraire. Ces techniques, on les expérimente déjà à l'étranger. Pourquoi pas nous ?

Trop d'ouvrières et d'ouvriers, rivés à leurs machines, n'ont, huit heures durant, de relations qu'avec elles, ne peuvent parler qu'à elles. C'est d'elles qu'ils dépendent ; elles règlent leurs gestes et leurs cadences, et jusqu'à leurs pensées. En les servant ils sont transformés eux-mêmes en machines pour une production dont le sens leur échappe et les résultats leur sont volés. Il faut mettre un terme à cet esclavage des travailleuses et des travailleurs. Il faut briser leur solitude, créer des moments où ils peuvent communiquer entre eux. Il faut aménager le travail dans la journée. Plus d'exécutants passifs, mais des producteurs maîtrisant leur tâche, possédant une connaissance d'ensemble de l'atelier ou de l'usine.

Il suffit d'avoir vu des ouvrières et des ouvriers à l'œuvre, au comité d'entreprise, à la commission d'hygiène et de sécurité, en tant que délégués, pour mesurer les capacités d'initiative et de responsabilité dont la classe ouvrière dispose, mais dont la dictature patronale prive encore, pour l'essentiel, les entreprises et la nation.

Pour inventer et mettre en œuvre les techniques nouvelles il faudra faire des recherches. Qu'on les entreprenne donc sans délai, au lieu de faire vivoter les laboratoires et les universités et de laisser dormir des projets passionnants dans les tiroirs des ingénieurs !

Pour fabriquer, acheter, installer les équipements nouveaux il faudra investir. Qu'on investisse donc chez nous ! Cela vaudra mille fois mieux que d'exporter les capitaux, de les entasser dans les coffres secrets des banques suisses, de les « geler » sous forme de lingots d'or improductifs, de spéculer avec eux à la Bourse ou dans l'immobilier, de les dilapider dans le luxe, la débauche ou le jeu.

En même temps, il est impératif de reconnaître enfin la qualification réelle que les O.S., les ouvriers, les employés ont acquise sur le tas, dans l'exercice du métier. De façon générale, il faut valoriser l'expérience et le savoir-faire des travailleuses et des travailleurs.

Tout cela suppose qu'on développe la formation de base et la formation continue des ouvriers et des employés. C'est un problème d'éducation dont je dirai encore quelques mots dans la suite de ce chapitre.

travailler au pays

Le meilleur emploi, c'est aussi, à mes yeux, la possibilité pour chacune et chacun de ceux qui le désirent de trouver du travail sans s'expatrier. J'entends par là, cela va de soi, sans quitter la France. Mais aussi : sans quitter leur région, leur « pays ».

Combien de millions de Bretons, de Corses, d'Occitans ont été déplacés dans les pires conditions ! L'industrialisation de la France aurait probablement pu se faire sans tous ces exodes massifs, et en tout cas, quand ils étaient difficilement évitables, sans ces méthodes inhumaines.

Mais, à mon sens, le problème ne se pose plus dans les mêmes termes qu'autrefois. L'exigence de vivre et de travailler au pays n'est pas un slogan nostalgique. Elle correspond à une possibilité de l'économie moderne.

Tout d'abord, en effet, il est impératif pour la France d'utiliser toute une série de ressources, c'est-à-dire de maintenir en activité ou de relancer les régions où se trouvent son charbon, son fer, sa bauxite, sa potasse et son chlore, son bois, etc. En même temps, la production moderne est de moins en moins tributaire de la proximité des sources naturelles d'énergie ou de matières premières. Les transports rapides, les télécommunications, d'autres transformations qui frappent à nos portes ouvrent des possibilités d'installer des industries en toute région. La distance cesse d'être l'obstacle qu'elle fut jadis. C'est sur tout le territoire national qu'il convient de créer les millions d'emplois dont je parlais précédemment.

des droits sur l'emploi

Je ne me fais aucune illusion, ni moi, ni mes camarades. Je sais qu'une lutte acharnée sera nécessaire pour réaliser une telle politique de l'emploi. Il est donc indispensable que les travailleurs, avec leurs organisations syndicales et les comités d'entreprise et de groupe, disposent de droits étendus, qu'ils puissent élaborer des propositions, se faire entendre, exercer leur contrôle. Le Parlement et les assemblées régionales élues doivent conquérir des pouvoirs de décision en matière d'emploi. Le patron roitelet, seul maître à bord, faisant la pluie et le beau temps dans « sa » ville, « sa » région, « sa » branche, c'est révolu.

Tout cela, me direz-vous, revient à un changement de société.

Bien sûr !

Je préférerai toujours la vie humaine au profit. Je lutte donc pour que la production soit réorganisée en fonction des travailleurs et non des capitalistes.

de l'argent pour les travailleurs, l'austérité pour les riches

Un autre choix de société auquel me conduit ma volonté d'éliminer les injustices, c'est la modification de fond en comble de la politique des revenus et des salaires.

Pour moi ce choix se résume dans cette question : peut-on vivre aujourd'hui, en France, avec un salaire inférieur à 4000 F par mois ? Je réponds non, c'est impossible.

Or des millions de gens n'ont pas cette somme. Des millions ont même beaucoup moins. Cette situation, je l'estime insupportable.

Il faut donc s'engager sans délai dans une augmentation massive du SMIC et des bas salaires. Au moment où j'écris, la C.G.T. considère que le SMIC doit être porté à 3100 F. Obtenons-le pour l'immédiat. A partir de ce premier relèvement sérieux, il faut, à mon avis, continuer à revaloriser ce salaire minimum. Le SMIC à 4000 F est à notre portée dans un proche avenir. Je parle en pouvoir d'achat, bien entendu.

En même temps, pour rayer la pauvreté de la carte de France, il faut améliorer le niveau de vie des familles modestes, en particulier par une forte augmentation des allocations familiales. Il convient aussi de fixer un revenu familial minimum en tenant compte du nombre d'enfants, c'est-à-dire un pouvoir d'achat en dessous duquel aucune famille ne doit descendre.

Ce combat contre l'inégalité pose le problème de la hiérarchie. D'abord, pour une raison morale : si une hiérarchie est nécessaire, elle ne saurait aboutir aux écarts gigantesques qui déshonorent aujourd'hui la France. Et aussi pour une raison de sérieux économique : comme on ne peut tout promettre à tous, il faut annoncer la couleur en disant par avance à qui on veut donner et à qui on prendra.

Je propose donc, en premier lieu, qu'on s'attaque vigoureusement à la hiérarchie des revenus. C'est une plaie ouverte au flanc de la France. Il faut la guérir en frappant les fortunes, en frappant les superprofits, en frappant les faux salaires des P.-D.G. et d'une série de parasites, en frappant la spéculation et l'évasion des ressources à l'étranger, en agissant durement contre les « paradis fiscaux », en créant un véritable impôt sur le capital.

De l'austérité, il en faut : mais pour les profiteurs, pas pour les travailleurs.

En second lieu, je propose de réduire la hiérarchie des salaires. Les écarts de salaires ne doivent traduire, selon moi, que les différences réelles, bien établies, de qualification et de responsabilité, de risque et de pénibilité, d'ancienneté. Ils devraient, je pense, aller de 1 à 4.

Pour réduire l'éventail des salaires, il faut augmenter plus vite les salaires les plus bas en bloquant les plus élevés à partir d'un certain niveau. On pourrait ainsi, en quelques années, passer de l'éventail actuel à un éventail où les plus hauts salaires seraient en moyenne quatre fois supérieurs au nouveau SMIC.

Dans la lutte contre l'injustice je pense également aux petits paysans. Ils sont, eux aussi, des victimes du capital. Je suggère d'établir un barème de revenus minimaux permettant de maintenir les exploitations familiales. Il est nécessaire de revaloriser les prix à la production, tout en stabilisant ou, dans certains cas, en réduisant les prix des équipements, des matières, de l'accès à la terre et du crédit.

se soigner

Un autre aspect très important de la lutte contre les inégalités touche les travailleurs : c'est la santé.

Je viens de faire état de ces statistiques révoltantes qui montrent le lien entre la durée moyenne de la vie et la condition sociale.

A notre époque où il paraît raisonnable d'attendre

beaucoup des progrès de la biologie et de la médecine, il est, selon moi, primordial de garantir à tous un égal accès aux possibilités de la science. Et d'abord, par la gratuité des soins pour les familles aux revenus modestes.

Cela suppose de repousser complètement et définitivement l'agression du gouvernement et des patrons contre la Sécurité sociale, cette conquête ouvrière qui, en une trentaine d'années, a doté notre pays de l'un des systèmes de santé les plus évolués du monde. Si les mesures que préconise M. Giscard d'Estaing étaient appliquées, elles frapperaient d'abord les plus exploités, les chômeurs, les travailleurs en longue maladie, les personnes âgées. Elles institueraient une médecine pour les riches et une médecine pour les pauvres. Quel terrible retour au passé ce serait !

Si la France dispose encore d'un bon système de santé, le mérite en revient en grande partie à l'hôpital. L'hôpital est, en effet, le lieu où s'accomplit l'essentiel du progrès des sciences et des techniques médicales. C'est en milieu hospitalier français qu'ont été réalisées les premières greffes cardiaques au monde. L'hôpital contribue, pour une large part, à atténuer les inégalités sociales devant la maladie et la mort, dans la mesure où il permet aux personnes les plus défavorisées d'accéder aux soins les plus élaborés. Le personnel des hôpitaux français se distingue par ses qualités à la fois techniques et humaines.

Or c'est justement cela que la politique actuelle tend à casser. Voilà pourquoi le Parti communiste a lancé, à la fin de 1979, un S.O.S. tout particulièrement destiné à sauver l'hôpital. Il s'agissait alors d'enrayer une dégradation brutale de l'hospitalisation et de la recherche médicale en luttant contre le rationnement et l'asphyxie financière. Cette intervention d'urgence a contribué à dévoiler quelques scandales et à obtenir des budgets supplémentaires pour de nombreux hôpitaux.

Mais on ne peut, à mon sens, en rester là. Préserver et développer l'hôpital, en écartant la vision étroitement comptable des bureaucrates qui nous gouvernent ou de ceux qui aspirent à nous gouverner, c'est un impératif majeur. L'hôpital sauve des vies, sauvons l'hôpital !

J'aimerais avoir la place de parler plus longuement de ce sujet crucial. Tout comme j'aimerais pouvoir réfléchir avec vous sur cette autre inégalité : celle du logement.

se loger

La classe ouvrière a déjà obtenu de grands progrès dans le domaine du logement. Pas plus que les congés payés ou la Sécurité sociale, les H.L.M. ne furent un don gratuit du bon cœur patronal. Le mauvais logement est aussi vieux que l'exploitation de l'ouvrier par le capitaliste : les canuts lyonnais étaient moins bien logés que leurs métiers, les palefreniers picards moins bien abrités que leurs chevaux.

Malgré les progrès, l'inégalité du logement reste flagrante et insupportable. Il y a des centaines de milliers de logements surpeuplés. Et il y a, en bien plus grand nombre, les logements de mauvaise qualité, mal isolés, mal insonorisés, en proie aux dégradations, aux fissures, aux moisissures, chers à chauffer, et loués le plus souvent à des prix de loyers et de charges qui écrasent les budgets des travailleurs. Il y a des centaines de milliers de jeunes couples qui attendent durant des mois, des années, l'attribution d'un logement. Il y a les mansardes et les taudis, les baraques et les logements de fortune dont les immigrés sont souvent victimes.

En face de cela on construit des milliers de résidences « de standing » dans les beaux quartiers ou dans les communes que les riches se réservent. On spécule sur les terrains et sur la pierre. On spécule même sur la verdure, la neige, la mer. On construit des milliers de mètres carrés d'immeubles de gestion, d'administration, de prestige dans les centres-villes d'où on écarte ou expulse les « petites » gens.

Au XIXe siècle la langue populaire appelait le propriétaire rapace « M. Vautour ». M. Vautour sévit toujours. Promoteurs, banques, sociétés de crédit, offices H.L.M. gérés de façon antidémocratique et antisociale (les exceptions — grâce aux élus communistes — justifiant la règle) ajoutent pour l'ouvrier le prélèvement d'un péage énorme pour se loger aux sommes que le patron lui extorque à l'entreprise en le surexploitant.

Conquérir pour chaque travailleur la possibilité de se loger dans un logement de qualité à un prix abordable : voilà un besoin qu'il faut satisfaire par étapes aussi rapprochées que possible.

Cela nécessite de construire chaque année un demi-million d'H.L.M. Pas des « cages à lapins », mais des logements modernes, confortables, situés dans un environnement plus humain. Quand je parle d'H.L.M. je pense à la fois social et qualité. Cela nécessite de réparer et d'aménager d'urgence, d'entretenir les cités et les logements H.L.M. existants. Cela nécessite de réduire sensiblement le poids du logement dans le budget des familles populaires. Il ne devrait jamais dépasser 15 % du revenu familial. Pour donner une idée, un logement F4 ne devrait pas dépasser — loyer et charges additionnés — 800 F à Paris ; si le revenu de la famille qui l'occupe était, par exemple, de 4 000 F, cette famille devrait percevoir 200 F d'aide au logement, couvrant la différence entre le prix à débourser et les 15 % du revenu — c'est-à-dire 600 F.

Là aussi, malgré le retard industriel du bâtiment, les techniques modernes offrent, pour résoudre la question sociale du logement, des moyens bien supérieurs à ceux d'autrefois.

travailler et vivre dans la région parisienne

Un problème particulier s'impose à ma pensée : la région parisienne.

Cette importante concentration de population est le produit de notre histoire nationale. Mais ce n'est pas le « monstre » unique au monde et invivable qu'on dépeint trop souvent. Des concentrations comparables, on en trouve ailleurs, avec leurs particularités : la Ruhr en Allemagne, Amsterdam et toute une nébuleuse de villes aux Pays-Bas, Rio de Janeiro, Moscou... Ces villes-régions ont leurs inconvénients, mais aussi leurs avantages.

La vie est dure pour les travailleurs de la région parisienne. C'est parce que la bourgeoisie leur fait la guerre. Elle a résolu de transformer Paris et sa région en chasse gardée. Une région parisienne pour les privilégiés ou pour les travailleurs : voilà la question. Il est temps, grand temps de mettre en échec le hold-up du capital sur cette région.

Ce qu'il faut d'abord, c'est stopper la désindustrialisation et revivifier l'activité productive. Plus un emploi ne doit être supprimé, plus une machine ne doit être démontée, plus une usine ne doit être fermée. Des entreprises nouvelles doivent être créées. Je dis bien des entreprises, et non des bureaux à moitié vides qui représentent un inimaginable gâchis.

Ce qu'il faut en même temps, c'est stopper les constructions de luxe ou de « standing ». Il y en a trop, beaucoup trop. Les travailleurs doivent pouvoir se loger en tout point de la région parisienne, y compris à Paris et au centre de Paris. Des H.L.M. telles que je les conçois ne dépareraient pas le quartier des Halles ou le seizième arrondissement : elles seraient le signe d'un renversement de politique. Je dis donc : stop à la spéculation sur les sols ; aide massive à la construction de logements sociaux ; limitation rigoureuse des loyers et des charges (sous contrôle des locataires) ; rénovation des grands ensembles de banlieue, désenclavés, animés, transformés de ghettos ouvriers en cités ouvertes.

Ce changement suppose que les transports en commun soient développés. Un plan d'ensemble a été étudié qu'on peut chiffrer à environ vingt milliards sur une dizaine d'années : vingt-cinq fois moins que les capitaux dissimulés dans les banques suisses !

Enfin, l'amélioration de la vie à Paris et dans sa région implique — comme d'ailleurs dans les autres villes de France — la solution énergique du problème de l'insécurité. Vivre en sécurité chez soi et dans la cité est un droit élémentaire, un élément du cadre de vie, une condition de liberté. Je dis non, catégoriquement non à la loi de la jungle ; non, catégoriquement non à la dégénérescence de nos villes en petits Chicago.

s'instruire

Je voudrais encore vous livrer ma pensée sur une question préoccupante : l'école.

Beaucoup de parents, de jeunes partagent mon souci à ce sujet. Quand on pense que, dans la France d'aujourd'hui, un jeune sur deux n'a pas de véritable formation, on reste confondu par tant d'injustice. Et aussi par tant de bêtise : car cette injustice aboutit à laisser en friche ou à stériliser chez les fils et les filles des travailleurs des quantités de capacités et de talents. Elle prive les individus de culture et le pays d'individus cultivés.

Je ne peux, dans ces quelques pages, vous faire part de l'ensemble des questions que je me pose sur la formation. C'est une tâche majeure.

L'école est en crise. On dit souvent qu'elle est « inadaptée ». Ce mot est faible. En fait, la politique du capital a conduit l'école à ne plus répondre aux besoins des jeunes et du pays.

N'est-ce pas un drame que ces établissements scolaires où les jeunes s'ennuient, cette éducation qu'ils rejettent alors qu'ils en ont tant besoin ? Les enseignants souffrent de cette situation, mais leurs efforts pour y remédier achoppent sur le divorce croissant entre l'école et la vie.

Je dis aux jeunes — même si je vais ainsi à contresens des prêchi-prêcha à la mode — : apprenez. Mais je dis en même temps : ne laissons pas l'école dans l'état où elle est. Pour satisfaire l'exigence d'apprendre, construisons une école différente.

A mon avis, pour me limiter au principal, l'école devrait donner à chaque jeune une formation de base solide et moderne, un bon métier, une éducation sportive. Le jour où elle atteindra ces trois objectifs, elle méritera la reconnaissance de la nation.

Pour réaliser cette transformation, l'école ne doit pas être un vase clos, une sorte d'éprouvette garantissant une « pureté » d'ailleurs illusoire, isolant les enfants et les jeunes de la société, avec ses difficultés et ses contradictions. Les programmes, les méthodes, la vie scolaire devraient s'en trouver profondément modifiés.

Ne faut-il pas, par exemple, faire une place beaucoup plus grande aux enseignements scientifiques ? Non pour gonfler les programmes, mais pour apprendre à observer et à penser, former des capacités intellectuelles, en liaison avec l'avancement des sciences et avec l'essor des techniques.

Ne faut-il pas aussi initier tous les élèves sans exception au travail productif, à l'activité économique ? Et cela non sous une forme livresque, artificielle, aseptisée, mais en aidant le producteur et le citoyen à se former sur le terrain, en vraie grandeur, dans l'atmosphère réelle de l'atelier ou du laboratoire, avec leurs problèmes. Je pense que la culture générale, c'est aussi — et pour une large part — cela.

Non seulement une telle école conduirait les jeunes à leur premier emploi, mais aussi elle les préparerait aux évolutions qui deviennent la loi de l'économie. Elle serait le premier élément d'une formation permanente, à laquelle tous les travailleurs pourraient participer au cours de leur vie.

faire du sport

Beaucoup de gens savent à quel point j'aime le sport, quelle importance j'y attache. Le sport, doit, selon moi, occuper une grande place dans l'éducation nouvelle. Il est partie intégrante de la culture générale.

D'abord, le sport est nécessaire à la santé, au développement équilibré du corps, de l'intelligence et du caractère. Les conditions de la vie moderne renforcent cette nécessité.

En second lieu, le sport développe les qualités physiques et morales qui s'attachent à l'émulation et à la compétition. Il forme des lutteurs.

Enfin, le sport répond à l'un des grands besoins de la jeunesse : le besoin d'amitié et de fraternité.

Au moment où je termine ce livre, je suis encore sous le coup des émotions que j'ai éprouvées aux Jeux olympiques de Moscou. Ce furent des Jeux d'un très haut niveau. Un grand nombre de records ont été battus : records mondiaux, olympiques ou nationaux. Dans plusieurs disciplines les « limites » ont une nouvelle fois reculé. Ah ! non, les médailles de ces Jeux n'ont rien à voir avec... du chocolat. Ou alors, il vaut de l'or, ce chocolat... Cet or-là, cet argent, ce bronze sont plus précieux, à mes yeux, que tous les milliards de profit du monde capitaliste. Parce qu'ils sont faits des plus belles qualités humaines : la volonté, le courage, l'intelligence, le sérieux sans lesquels on ne pourrait parvenir à des résultats d'un niveau aussi élevé.

J'ai vécu les Jeux olympiques comme un grand événement humain. Sur les stades, dans les piscines et les gymnases, on rivalise, on se surpasse, on gagne ou on perd, on rit, on pleure, on s'embrasse, on ses serre la main entre jeunes du monde qui combattent pacifiquement. J'étais fier et heureux que la France soit à Moscou. Je suis fier et heureux que ses championnes et ses champions se soient bien battus. Comme ils auraient mérité de participer au défilé de la cérémonie d'ouverture, de voir monter au mât le bleu-blanc-rouge du drapeau national et d'entendre la « Marseillaise » à l'occasion de leurs succès !

Le sport ne doit pas être mis au service de la politique. Mais la politique doit servir le sport. Il faut, bien sûr, créer toutes les conditions de développement du sport de haut niveau. A l'école, il faut donner au sport une place et un rôle incomparablement plus grands qu'aujourd'hui : cette véritable révolution constitue la base de tout essor sportif national. Il faut favoriser l'initiative bénévole des clubs, cette pépinière qui compte — j'en connais quelques-uns — tant de militants. Dès maintenant, pensons aux jeux de Los Angeles.

« de l'ouvriérisme ?... »

A la lecture de ces pages on me dira peut-être « tout ça, c'est de l'ouvriérisme ». Ou du « misérabilisme »...

Je connais la réalité. Je vis avec les travailleuses et les travailleurs. Je suis député d'une banlieue ouvrière. La majorité des adhérents — et des dirigeants — de mon parti sont des travailleuses et des travailleurs. Bon nombre d'entre eux éprouvent dans leur vie personnelle les injustices contre lesquelles, avec eux, je m'insurge et me bats.

La pauvreté proprement dite existe en France. Nous avons nos « Indes » à nous : ces cités-ghettos, ces taudis où la misère se cache dignement. Il s'y trouve des immigrés et de nombreux Français. Demandez aux élus communistes. A côté de cela, des millions de familles ont — même avec deux salaires — le plus grand mal à boucler les fins de mois. Des millions de gens se privent, s'inquiètent pour leur avenir et celui de leurs enfants. Au moindre à-coup — maladie, accident, chômage — ils risquent la catastrophe.

Pour juger de la pauvreté, il ne faut pas comparer avec le passé ou avec d'autres continents. Il faut comparer ce qui est avec ce qui pourrait être. Pour des millions de travailleurs il existe un immense écart entre les deux. En France, à notre époque, avec tout ce qu'on produit ou pourrait produire, avec tout ce qu'on sait faire, il est intolérable de manquer du nécessaire.

D'autant plus que les inégalités se cumulent. Le nombre de mètres carrés dont on dispose pour se loger est exactement proportionnel à l'échelle des catégories sociales : l'O.S. est le plus mal logé. Les possibilités pour les jeunes de faire de bonnes études varient selon les mêmes catégories. Les enfants des ouvriers les plus exploités sont les principales victimes des retards scolaires et des éliminations précoces : les O.S. triment, leurs enfants trinquent. A l'horaire de travail professionnel le plus lourd (une heure de plus en moyenne que les cadres), la femme d'ouvrier qui occupe un emploi ajoute à la maison le plus lourd horaire de travail domestique (une heure et demie de plus en moyenne quotidienne que les femmes actives de cadres). Et tout à l'avenant. Ce sont les mêmes qui pâtissent en tout domaine. Tout cela n'a que trop duré.

Ces inégalités se répercutent sur tout le monde du travail, sur la nation. Elles constituent un boulet pour le pays, une sorte de goulot d'étranglement, ne serait-ce qu'en réduisant la consommation totale. Aucun problème ne peut être résolu si la France reste lestée par cette masse de pauvreté et d'inégalités. Au contraire : la justice sociale est elle-même une condition et un moyen du progrès économique et politique.

une autre politique économique

Certains m'objecteront : « Tout ça, c'est beau, mais utopique. Où prendrez-vous les moyens, où prendrez-vous l'argent ? »

Je parle clair : si on veut conserver intacte la société et ne modifier la politique actuelle que de façon accessoire, alors oui, les objectifs de justice que je viens de proposer sont irréalisables. Il faut, pour les atteindre, une nouvelle politique économique. On peut la définir, à mon avis, par deux orientations principales.

En premier lieu, les grands objectifs de justice sociale que je viens de définir sont eux-mêmes des conditions du redressement national.

Une France où les travailleurs s'appauvrissent et où les riches s'enrichissent est une France qui s'affaiblit.

Il faut partout créer des emplois et développer les productions nécessaires pour répondre aux besoins des travailleurs et de la population laborieuse.

Il faut le faire avec rigueur. Nous ne proposons pas une relance « globale » de la consommation. Nous disons qu'il faut accroître la consommation des travailleurs et celle des ouvriers, des travailleurs les plus exploités. Et nous disons aussi qu'il faut prendre sur les riches. Il faut frapper durement la fortune et le capital, en particulier par la fiscalité, réduire les hauts revenus des privilégiés.

La France a les moyens de répondre directement à la plupart des consommations individuelles de base et aux besoins en équipements sociaux, tels que les écoles, les services de santé, etc.

Tout cela est de nature à changer la façon de consommer. Les riches, pour une part, ne consomment pas les mêmes choses que les pauvres. Par ailleurs, si on développe ce qu'on appelle les consommations collectives, la consommation d'ensemble s'en trouvera modifiée dans sa composition.

Et puis, les mesures de justice sont aussi des mesures d'économie. Par exemple, si on relève le pouvoir d'achat des plus défavorisés et si, en même temps, on garantit le revenu paysan et on assainit les circuits de distribution en réduisant les intermédiaires, alors on peut éviter de jeter des centaines de tonnes de fruits et de légumes à la décharge. Si on contrôle strictement les revenus des plus riches, alors on peut limiter leurs gaspillages, leurs dépenses provocatrices en croisières, en chasses, en « parties ». La morale peut faire bon ménage avec l'économie.

D'autre part, un travailleur plus qualifié, accédant aux connaissances, pouvant organiser lui-même le travail dans un cadre collectif, intervenir dans les décisions, et disposant pour cela du temps et des ressources nécessaires, c'est la condition d'une productivité supérieure de l'économie nationale. C'est folie de croire, et mensonge de faire croire, que la France pourrait rester un pays d'avant-garde avec des travailleurs surexploités, privés des moyens et des droits d'accès à la qualification et à la décision.

En second lieu, le moyen fondamental du progrès de notre économie, c'est de bâtir en France un outil de production d'avant-garde, conçu pour produire français et pour produire autrement.

Ce qu'on gaspille aujourd'hui dans la production est à peine croyable. Gaspillages d'usines, de machines qu'on casse ou qu'on remplace sans réelle nécessité ! Gaspillages dans les consommations d'énergie et de matières premières ! Gaspillages des hommes, puisque près de 10 % de la population active est stérilisée par le chômage : ce qui fait, pour la seule année 1980, une perte de production de 250 milliards de francs, soit plus de la moitié du budget ! Beaucoup de ces gaspillages, les travailleurs les connaissent. Ils n'ont rien de fatal. Ce sont autant d'économies en puissance. Il existe des moyens pour les réduire fortement, sinon pour les faire disparaître.

L'intervention des travailleurs, le développement du secteur public sont décisifs. Il faut mener une bataille de l'argent pour financer les dépenses réellement utiles pour notre pays. Il faut, par exemple : s'attaquer aux profits inflationnistes ; prélever sur les profits par l'impôt sur les sociétés ; créer un impôt sur le capital ; pénaliser sévèrement la fraude et la spéculation, le transfert de ressources produites et créées en France à l'étranger sans contrepartie positive pour notre économie ; diminuer le coût du crédit et le distribuer de façon démocratique pour les besoins réels ; refondre le financement public. Ce sont là des moyens nécessaires pour mettre de l'ordre dans l'économie.

L'intervention des travailleurs doit changer les objectifs pour lesquels on investit et la manière d'investir. Le refus des sociétés capitalistes d'investir en France prouve que leurs intérêts divergent de plus en plus de l'intérêt national et que leurs critères de gestion, basés sur la seule rentabilité du capital, sont aujourd'hui dépassés pour faire fonctionner correctement une économie développée. Heureusement que le secteur public investit pour développer certaines bases de notre appareil de production ! Ce qu'il faut faire, c'est considérer l'efficacité sociale d'ensemble des investissements qui sont liés entre eux et qui répondent à des objectifs multiples de la société, et pas seulement à des buts financiers : effets sur l'emploi, le niveau et le cadre de vie, sur l'équilibre régional, l'indépendance nationale, la coopération internationale, etc. C'est l'efficacité pour les travailleurs et pour la France tout entière qui compte, lorsqu'il s'agit de l'aisance des Français et de la bonne santé du pays. Mais cela est incompatible avec la recherche du profit privé maximum. Il faut donc un secteur public puissant et une économie planifiée. Il faut produire français. Je préciserai plus loin ce que j'entends par là.

Centrer l'attention sur la France ne veut pas dire oublier le monde. Au contraire. Pour se développer, il faut coopérer et échanger. Mais pour échanger et coopérer, il faut compter dans le monde. Cette vérité simple ne souffrirait pas de discussion si tout n'était pas fait pour l'obscurcir : être solides en France, c'est la meilleure façon d'être présents dans le monde ! Regardez Renault ! J'aurai également l'occasion, plus loin, d'approfondir cette question.

Le développement que je propose, c'est vraiment un nouveau type de développement.

Je ne veux pas d'un productivisme aveugle. Ce que je veux, c'est une économie aussi efficace que possible, c'est-à-dire qui parvienne à créer tous les produits nécessaires pour répondre aux besoins, à une demande en expansion, tout en économisant les moyens. On ne peut mettre les possibilités des sciences et des techniques vraiment en œuvre que si on agit pour remplacer le type de développement capitaliste organisé en fonction du profit et des intérêts de quelques sociétés géantes par un nouveau type de développement orienté vers la satisfaction des besoins de la société française. Ce nouveau type de développement, je le caractériserai, pour simplifier par les mots : justice, qualification, science, indépendance nationale, démocratie, et option de la France pour un nouvel ordre international fait de justice et de paix.

Ce type de développement n'est pas pour un avenir indéterminé. Dès aujourd'hui, il faut engager sa mise en œuvre en luttant pour une utilisation des techniques qui ne mutile pas l'homme mais participe à son épanouissement, pour le plein emploi et l'élévation des qualifications, pour le respect des droits acquis et la reconnaissance de droits nouveaux. Ainsi commenceront à s'établir entre les hommes d'autres rapports, peu à peu libérés des hiérarchies contraignantes et des diverses formes de domination.

C'est l'annonce d'une nouvelle civilisation.

4

nous crions liberté

Je suis fier que mon pays ait beaucoup contribué dans l'histoire à définir et à faire connaître les Droits de l'homme.

Mais que de confusions ! Que d'hypocrisies, et même que de crimes commis au nom de la liberté !

Essayons d'y voir clair.

déclarations et réalités

Comparons, par exemple, la « Déclaration des Droits de l'homme et du citoyen » de 1789 à la réalité française actuelle. Des progrès ont été accomplis. Mais, près de deux cents ans plus tard, quelle marge existe encore, pour les exploités, entre les mots et les choses !

La « Déclaration » de 1789 définit la propriété

personnelle comme un droit « naturel » et « inviolable ». Mais en France, aujourd'hui, une minorité de milliardaires rafle les entreprises, les terrains, accapare châteaux et immeubles, accumule d'insolents butins, tandis que des millions de salariés sont volés des résultats de leur travail et ne possèdent rien ou presque, et que des petits paysans sont évincés de leur exploitation familiale. C'est ça, la liberté ?

La « Déclaration » de 1789 affirme que les seules distinctions légitimes sont celles des vertus et des talents. Mais, en France, aujourd'hui, un enfant d'O.S. a cent fois moins de chances d'accéder à l'enseignement supérieur qu'un enfant de la bourgeoisie. Sa vie risque d'être gâchée dès l'adolescence. C'est ça, la liberté ?

La « Déclaration » de 1789 proclame que la libre communication des pensées est l'un des droits les plus précieux. Mais, en France, aujourd'hui, les fabriques de papier, les imprimeries, les journaux, la publicité, les firmes de cinéma et de production audiovisuelle sont trustés par le capital. Le président de la République, son parti et ses amis monopolisent les sources d'information, la télévision et la radio ; ils les utilisent pour donner une information déformée, cacher des faits essentiels, organiser des campagnes de bobards et d'intoxication, priver de parole les travailleurs et leurs organisations. Ils voudraient une classe ouvrière muette, une jeunesse à genoux, des travailleurs aux ordres. C'est ça, la liberté ?

La « Déclaration » de 1789 énonce que toute souveraineté réside dans la nation, que nul corps, nul individu ne peut exercer d'autorité qui n'en émane expressément. Mais, en France, aujourd'hui, bien que le principe de la souveraineté du peuple ait été repris dans la Constitution, le président de la République s'attaque sournoisement à toutes les formes de vie démocratique propres à la France. Il conteste, rogne et même combat le pouvoir des élus à tous les niveaux. Il favorise la centralisation, le secret, la personnalisation, l'autoritarisme, la bureaucratie. Il quadrille l'Etat en plaçant ses hommes, ceux de sa caste, aux postes décisifs, en court-circuitant, dévalorisant, écartant le service public et l'administration. Il abandonne des décisions de plus en plus importantes à des organismes supranationaux. Il tisse un réseau de relations serré entre l'Etat et les vrais maîtres de la France, c'est-à-dire les grands groupes industriels et financiers. Voilà l' « Etat-Giscard ». C'est ça, la liberté ?

Il saute aux yeux que le système économique et politique creuse un écart entre les droits proclamés et la vie réelle de millions de travailleurs et de travailleuses. Il viole quotidiennement les Droits de l'homme les plus anciennement affirmés. Pour lui ils ne sont qu'un chiffon de papier, un morceau de bravoure pour les ténors de sa propagande.

Fort heureusement, la volonté de liberté anime depuis longtemps la pensée et l'action du peuple de France. Au prix de longues luttes il a obtenu l'affirmation de nombreux droits nouveaux. Mais là encore, il y a loin du droit au fait.

Qu'en est-il, par exemple, aujourd'hui en France, du droit au travail pour des millions de femmes et d'hommes, de jeunes ? Qu'en est-il de la liberté d'exercer le métier de son choix ? Qu'en est-il de la liberté de choisir son domicile pour les Lorrains, les jeunes du Nord et du Pas-de-Calais, les Bretons, les Occitans, les Corses et des milliers d'originaires d'autres régions délaissées ou cassées par le capital ?

liberté et justice

Jamais la liberté n'a été autant prônée dans les discours. Ceux qui exploitent les travailleurs et les travailleuses sont aussi ceux qui essaient d'exploiter l'idée de liberté à leur profit. Ils mettent la liberté à toutes les sauces, mais ne la veulent que pour leurs privilèges.

Le gouvernement prône la « libération des prix ». « Libre » signifie alors « plus cher ». Cette liberté du capital prive des millions de familles de la liberté de s'acheter une partie de ce dont elles ont besoin.

Le gouvernement organise la « libération des loyers ». Cette liberté du capital plonge des millions de familles dans les difficultés et les privations.

Le C.N.P.F. parle de « liberté du travail ». Mais il ignore le droit au travail. En plein développement du chômage — qu'il organise —, avec les bas salaires, le surmenage, l'exploitation intense, ne pensez-vous pas que le patronat abuse du mot liberté ?

Le C.N.P.F. vante la « libre entreprise ». Mais la dictature patronale y sévit. Les patrons briment, mettent à pied, voire licencient des milliers de militants syndicaux, de délégués. Ils multiplient les obstacles au libre fonctionnement des sections syndicales. Ils exercent une pression de plus en plus accentuée pour tenter de reprendre aux salariés leur arme indispensable : le droit de grève, si durement conquis. Aux clauses restrictives de certaines conventions collectives s'ajoutent des lois et des règlements qui limitent l'exercice du droit de grève, par exemple la loi de juillet 1963 qui a instauré un préavis de cinq jours dans le secteur public et la loi « anticasseurs » de juin 1970. Dans un certain nombre de cas l'exercice du droit de grève est tout simplement refusé. En juin 1980, le C.N.P.F. et le gouvernement de M. Raymond Barre ont tenté de franchir un nouveau pas dans leur agression contre le droit de grève. En même temps les patrons dilapident des sommes fabuleuses pour combattre les grèves. Certains organisent même des actions de commando contre les grévistes. Belle liberté, décidément, celle de tous ces « libéraux » !

Prenons encore un exemple à l'échelle internationale. La « Déclaration universelle des Droits de l'homme », adoptée par l'ONU et signée par la France, dit à son article 25 : « Toute personne a droit à un niveau de vie suffisant pour assurer sa santé. » En 1979, cinquante millions d'êtres humains sont morts de malnutrition. Un enfant sur trois meurt de faim avant l'âge de cinq ans. Si on n'agit pas, un demi-milliard d'hommes, de femmes et surtout d'enfants périront dans les vingt prochaines années. Quelle sera pour eux la liberté ? Aux Etats-Unis mêmes on a pu établir une carte de la faim. Elle frappe essentiellement les Noirs. Quelle est pour eux la liberté ? L'article 26 de la « Déclaration universelle » proclame le droit à l'éducation. Mais on compte aujourd'hui dans le monde 900 millions d'analphabètes. Ils n'ont même pas le droit de lire et d'écrire. Quelle est pour eux la liberté ?

Ces faits montrent que la liberté est inséparable de la justice sociale. Sans justice pas de liberté. Liberté et société inégalitaire, liberté et société de privilèges se contredisent.

On n'est pas libre si on est démuni du nécessaire. Contrairement à ce que disent ceux qui ont un niveau de vie assez élevé pour en parler à leur aise, augmenter son pouvoir d'achat, obtenir un logis spacieux et confortable, se soigner, consommer plus et mieux, pouvoir sortir, voir des amis ou partir en vacances, pour une travailleuse, un travailleur, ce n'est pas « s'embourgeoiser ». C'est acquérir des possibilités que les bourgeois prétendent se réserver. C'est desserrer l'étau qui oppresse l'ouvrier. C'est parvenir à une meilleure capacité de résister, de réfléchir et d'apprendre, de lutter. Pour pouvoir se battre, se libérer, il faut avoir du temps, du repos, des réserves. Il faut pouvoir réfléchir, rêver, imaginer.

Nous avons de la liberté une conception beaucoup plus vaste que ceux qui nous administrent des leçons intéressées. Nous luttons pour toutes les libertés : libertés individuelles et collectives ; droits économiques et sociaux ; droits à l'éducation et à la culture ; droits politiques. Nous condamnons et combattons une seule « liberté » : la liberté d'exploiter autrui. Nous voulons les libertés pour tous les travailleurs, et non pour les seuls privilégiés. Et nous les défendons pour tous les peuples, dans tous les pays. Ce n'est pas le cas de tout le monde !

Avec nous pas de libertés oubliées. Et pas d'oubliés de la liberté.

le comité des droits de l'homme

Déjà exprimés, en 1975, dans une déclaration du Parti communiste français intitulée « Vivre libres », cette conception et cet amour de la liberté nous ont inspiré l'idée de fonder, en janvier 1980, un « Comité pour la défense des libertés et des Droits de l'homme en France et dans le monde ». Mes amis Aragon et Georges Séguy en assument la direction à mes côtés, avec plusieurs autres dirigeants ou élus représentatifs du Parti communiste.

Le nom même de ce comité en indique les objectifs.

Il s'agit de faire tomber le masque des imposteurs qui se présentent en chevaliers des Droits de l'homme, alors qu'eux-mêmes les violent quotidiennement sur une grande échelle. Il s'agit de fournir à l'opinion des informations qui permettent de crever le silence par lequel trop de gens — des journalistes en particulier — couvrent les violations criminelles des Droits de l'homme liées à l'exploitation capitaliste, à l'impérialisme. Par exemple, le Comité a diffusé à cinq millions d'exemplaires un premier bilan des victimes de massacres, de génocides, de répressions massives, d'assassinats politiques ou raciaux recensés dans le monde au cours des vingt dernières années. Ce document est, hélas ! déjà dépassé : il faut y ajouter, moins d'un an après, des milliers d'autres victimes, au Salvador, en Afrique du Sud, en Turquie, en Corée du Sud, au Liban, en Bolivie...

Il s'agit aussi d'aller beaucoup plus loin que la plupart des organisations qui, en France, déclarent lutter pour les Droits de l'homme. Elles s'en tiennent, en effet, à un nombre limité de droits individuels et collectifs en les isolant de tous les autres aspects de la liberté. Elles sont très éloignées d'admettre pour les Droits de l'homme la définition qu'en a donnée en 1945 le préambule de la Charte des Nations unies. Nous, notre conception rejoint celle que cette Charte exprime. Elle conduit, par exemple, notre Comité à lutter, en France même, pour le respect des droits et de la dignité des travailleuses et des travailleurs dans les entreprises. Elle a inspiré la demande que j'ai présentée à Mme Simone Veil, à l'Assemblée européenne, de créer une commission d'enquête sur toutes les atteintes aux Droits de l'homme dans les neuf pays du Marché commun ; à l'exception des communistes, tous les députés « européens » ont refusé de débattre de cette proposition ; mais nous poursuivons.

Ces principes étant posés, le but fondamental du Comité que je préside, c'est de développer les efforts des communistes français pour la défense effective des Droits de l'homme partout où cela s'avère nécessaire. C'est-à-dire, malheureusement, dans un grand nombre de pays ! J'insiste : le Comité n'a pas pour vocation de faire de la propagande, mais d'établir des faits et d'obtenir des résultats. La cause des Droits de l'homme est bien trop importante pour pouvoir servir d'argument politicien.

C'est dans cet esprit que, le 22 avril, à Genève,

siège de la Commission des Droits de l'homme de l'ONU et du Comité international de la Croix-Rouge j'ai rendu publique une liste de treize femmes et hommes injustement emprisonnés dans douze pays. Chacun de ces cas est à la fois un cas humain individuel et le symbole d'autres détentions arbitraires, d'autres condamnations pour délit d'opinion.

J'ai à cœur de rappeler ici ces treize noms : Virgilio Barreiro (Paraguay) ; James Mange (Afrique du Sud) ; Gary Tyler (Etats-Unis) ; José-Luis Massera (Uruguay) ; Salah Abd El Rahman Abdelal (Cisjordanie) ; général Liber Seregni (Uruguay) ; Annie Maguire (Irlande du Nord) ; Kim Chi Ha (Corée du Sud) ; Teresa Alicia Israël (Argentine) ; Abderazak Zakghorbal (Tunisie) ; Abd Magid Hamel (Egypte) ; Anatole Chtcharanski (U.R.S.S.) ; Vaclav Havel (Tchécoslovaquie).

Depuis la publication de cette liste, j'ai eu la joie intense d'apprendre que l'un de ces treize détenus, notre camarade Virgilio Barreiro, l'un des plus anciens prisonniers politiques du monde, avait été enfin libéré. Et au moment où j'écris les dernières lignes de ce livre, cette nouvelle me parvient : Abderazak Zakghorbal vient d'être libéré ; j'avais fait remettre au président de la Tunisie un message personnel en sa faveur. Quel encouragement à poursuivre la lutte pour les onze autres victimes !

Parmi ces incarcérés se trouvent deux citoyens de pays socialistes. Loin de nous l'idée, absolument contraire à la vérité, de mettre sur le même plan l'impérialisme et les pays socialistes ! Mais la cause de la liberté est indivisible, et le Comité que je préside la défend partout où il y est attenté, sous quelque forme et à quelque degré que ce soit.

En menant cette action avec mes camarades, j'ai conscience de continuer la tradition humaniste qui a toujours animé le mouvement révolutionnaire de mon pays. J'ai conscience de me battre en Français et en révolutionnaire. En révolutionnaire à la française.

vivre libre

« Le bonheur et rien d'autre », a écrit le poète communiste Paul Eluard. C'est ce que nous voulons pour les travailleuses et les travailleurs qui en sont aujourd'hui frustrés.

Je sais bien que la question du bonheur ne relève pas de la seule action politique. Tous les individus ne se font pas du bonheur la même idée. Tous ne le cherchent pas dans le même mode de vie. Et c'est très bien ainsi. A chacune, à chacun de décider sa vie dans les limites compatibles avec la vie en société.

Ce que je vise ici, c'est la conquête des conditions économiques, politiques, sociales qui permettront à chaque travailleuse, à chaque travailleur de construire au mieux son bonheur. Les droits, les libertés pour lesquels je me bats auront tous leurs effets dans la vie quotidienne. Ils la transformeront.

C'est pourquoi j'attache une très grande importance à toutes les libertés individuelles et collectives qui, si elles sont assurées, protègent chacun de l'arbitraire et lui permettent en conséquence de développer au maximum sa personnalité.

Etre arrêté sans recours, torturé, condamné sans défenseur, être privé du droit d'aller et de venir dans son propre pays ou à l'étranger, de vivre avec les siens, voir sa vie privée espionnée : autant d'atteintes insupportables.

Aux garanties les plus strictes contre les arrestations, détentions et peines arbitraires s'ajoutent toutes les libertés de l'esprit : liberté d'opinion, liberté d'expression, liberté de recevoir ou de communiquer des informations ou des idées doivent s'exercer sans restrictions imposées par les autorités publiques. Toute personne a droit à la liberté de conscience et de religion. Nul ne doit être inquiété ou défavorisé en raison de ses origines, de ses opinions ou convictions. Les droits de manifestation, de réunion, d'association doivent être garantis à tous.

On me dira peut-être que ces libertés individuelles et collectives existent en principe. C'est vrai de plusieurs d'entre elles. Encore qu'il soit inquiétant, par exemple, que la torture ne soit pas déclarée crime dans la Constitution française. Et il me paraît utile de prémunir les Françaises et les Français contre des mesures comme le bannissement ou la privation de nationalité ; de prévoir expressément que les membres d'un parti politique ne sauraient bénéficier d'aucun privilège sous prétexte qu'il est au pouvoir ; de faire savoir à chacun qu'on ne pourra le placer dans un établissement de soins contre son gré.

Mais, au-delà de ces précisions indispensables, je constate que beaucoup de principes énoncés dans les textes sont aujourd'hui violés dans la pratique. Je constate en même temps une évolution rapide, et souvent profonde, de la vie sociale et des techniques. Il faut donc réaffirmer les principes en tenant compte de ces réalités, pour en assurer l'application. Il faut inventer des droits nouveaux. Par exemple, la liberté d'expression et de diffusion de la pensée est acquise sur le papier depuis 1789. Mais, je l'ai rappelé, cette liberté est violée par la nature et le fonctionnement du système économique et politique ; l'apparition des nouveaux moyens, radio, télévision, vidéo, etc., contrôlés par les puissances d'argent ou leur Etat, pose de nouveaux problèmes. Le droit à l'information prend une importance cruciale à notre époque.

Il faut donc consacrer toutes les libertés, en

augmenter le nombre, les rendre plus réelles. D'ailleurs, pas d'illusion : des textes, aussi nécessaires soient-ils, ne suffiront pas. Ce qui compte, c'est la création d'institutions nouvelles, de méthodes et de mentalités nouvelles. C'est un long combat.

violence, drogue : liberté et responsabilité

La liberté que nous voulons conquérir est exigeante. C'est une liberté responsable.

Presque chaque jour, en regardant la télévision ou en ouvrant les journaux, on apprend un hold-up, des cambriolages, des agressions. Parfois des crimes d'une horreur insoutenable.

Dans cette société à l'envers on peut même parler de liberté pour faire l'éloge du crime. Ainsi, quand certains prêchent la « libéralisation » de la drogue, c'est-à-dire sa mise en vente libre comme des bonbons, à grand renfort de publicité. Or, la drogue, ce n'est pas la liberté, mais l'esclavage, et parfois la mort. A quel degré de pourriture s'est avili ce régime qui pervertit à ce point la noble idée de liberté !

Des actes de violence ont toujours existé. Il y a eu des sociétés, des périodes de l'histoire où la brutalité, l'obscénité ont sévi autant ou davantage qu'aujourd'hui. Il y a des pays — en particulier les Etats-Unis — où la drogue, le gangstérisme, le viol, l'assassinat sont monnaie courante, beaucoup plus que chez nous. Cette dégradation se voit aussi dans un pays comme la Suède qu'on nous a longtemps présenté comme un modèle.

Mais ces époques, ces sociétés ont été, ou sont des époques et des sociétés de crise, de décadence.

Je le redis : chacune, chacun mène sa vie personnelle comme il l'entend. Que des tabous, des règles sclérosées soient mis en question, c'est naturel. Mais ne nous trompons pas de diagnostic. La violence aveugle, la délinquance sont des phénomènes sociaux, non de simples problèmes individuels. Elles n'ont rien à voir avec une évolution positive. Elles ne sont pas un signe de santé et d'essor, mais un signe de décomposition.

On exerce une pression sur les consciences — et d'abord sur les plus faibles — pour encourager au laisser-aller, à des comportements d'abandon, pour pousser au désespoir. Cet avilissement menace l'homme, la qualité d'être humain.

Cela sert, naturellement dans ce régime, à faire de bonnes affaires. Un vrai négoce de l'immoralité, dont l'étalage publicitaire atteint jusqu'aux enfants.

Cela affaiblit la capacité des travailleurs à résister et à lutter pour changer la société. A la fête de l'*Avant-garde* des jeunes avaient écrit sur une banderole : « Quand un jeune travailleur se drogue, les milliardaires prennent leur pied. Ne leur faisons pas ce plaisir. » Avec leurs mots à eux, ces jeunes communistes exprimaient une vérité profonde. Les patrons veulent piéger les jeunes et en faire des « loubards » ou des « moutons » pour mieux les exploiter, pour maintenir leurs privilèges. Il n'y a pas d'avenir pour un individu ni pour une nation qui capitulent devant ces invitations à démissionner.

Et qui sait où une aggravation de la violence aveugle pourrait conduire ? L'histoire ne se répète pas, et les temps du fascisme ou des guerres coloniales sont de plus en plus révolus. Mais quand des vieillards sont dévalisés de leurs ressources, voire torturés avec sadisme, quand des femmes sont délestées de leur sac, voire violées, quand on s'abandonne au mépris, à la haine, au racisme, bref quand on ne respecte plus la valeur de la vie humaine, ne risque-t-on pas de terribles aventures ?

Il faut donc, je pense, savoir dire non à la loi de la jungle, et s'y opposer par des actes.

Le Parti communiste français compte vingt-huit mille élus, mille cinq cents maires, près de cinq cents conseillers généraux. Un Français sur cinq vit dans une municipalité à direction communiste. Quels points d'appui pour les travailleurs, les jeunes ! Tous ces responsables ont à cœur d'animer une gestion sociale répondant aux grands problèmes comme le logement, l'école, les loisirs, le sport, l'aide aux déshérités. Pour les mêmes raisons sociales et humaines ils remplissent leur mandat en défendant la population contre la délinquance et l'insécurité.

Pas plus que les libertés, les valeurs morales ne sont tombées du ciel. Elles résultent de longues batailles pour développer entre les hommes des liens vraiment humains, pour vivre dans une société civilisée.

Comme les libertés, ces valeurs morales sont attaquées par la bourgeoisie. Il importe de les défendre en les modernisant, en les complétant. Ainsi de la solidarité ou de l'égalité de la femme, ces grandes conquêtes en cours.

libération des femmes

Les femmes : leur volonté d'être responsables, d'être majeures à part entière dans le travail, la famille, la société et de mettre fin à leur injustifiable situation d'infériorité motive leur participation aux luttes et donne à celles-ci une ampleur et une richesse nouvelles. Je l'ai dit : leur combat pour leur libération est l'un des faits les plus importants du XXe siècle.

Les femmes de notre pays en ont assez. Assez d'être les premières victimes du chômage : les femmes sont plus d'un million sur deux millions de chômeurs. Assez de recevoir une formation professionnelle au rabais et d'exercer de mauvais emplois : les femmes constituent la majorité des O.S. sur chaîne, les deux tiers des plus petites catégories professionnelles. Assez de compter parmi les plus mal payées, puisqu'en avril 1980, 78 % d'entre elles gagnaient moins de 2 700 F. Assez de n'avoir qu'exceptionnellement accès à la promotion.

Les femmes en ont assez que leur vie, leur temps leur soient volés. Elles ne tolèrent plus les atteintes à leur dignité, les comportements méprisants.

De plus en plus nombreuses, elles voient bien qui a intérêt à maintenir les femmes dans cette situation. Ce sont les patrons. Ils organisent le chômage féminin en bradant des pans entiers d'industries comme le textile, l'habillement, la chaussure. Ils développent le travail précaire. Le retard moyen des salaires féminins sur ceux des hommes s'accroît, et il atteint aujourd'hui 33 %.

Ce sont les patrons, c'est leur classe qui détiennent la télévision, la radio, la presse, la publicité au travers desquelles ils entretiennent les mentalités rétrogrades et répandent les images humiliantes de la femme pour tenter de justifier l'infériorité où ils la tiennent.

Rien ne me tient plus à cœur que de lutter, avec tous les communistes, pour la liberté, l'égalité des femmes en tout domaine. Et cela pas seulement pour les amener au niveau des hommes tels qu'ils vivent et travaillent actuellement, mais pour que la vie change pour toutes et tous.

Toutes les mesures de justice et de liberté que je mentionne dans ce livre tendent à libérer les femmes, qu'elles soient travailleuses ou qu'elles restent à leur foyer. Il faut y ajouter des mesures spéciales. C'est pourquoi j'ai tenu à appuyer personnellement la demande, faite par les parlementaires communistes dès juillet dernier, d'une allocation de rentrée de 1000 F pour tous les enfants de famille modeste, et d'une augmentation de 50 % en un an des allocations familiales. C'est pourquoi également, j'ai attaché un prix particulier à apposer ma signature, avec l'ensemble des députées et députés communistes, sous deux propositions de loi dont l'Assemblée nationale devrait se saisir au plus vite : l'une pour le respect de l'égalité des femmes dans le couple, la famille, le travail, la société ; l'autre pour le bien-être, la dignité et la liberté de la famille.

De ces propositions je retiendrai ici deux exemples.

Premier exemple, il faut réaliser une formation générale et professionnelle sans aucune discrimination pour les jeunes filles. Elles doivent pouvoir accéder à toutes les sections des établissements d'enseignement. En même temps les femmes doivent bénéficier d'un programme développé de formation continue qui leur permette, pendant les heures de travail et au plus près de leur entreprise ou de leur domicile, d'accéder à toutes les qualifications, à tous les emplois.

Des mesures doivent contraindre les employeurs à appliquer les lois, en particulier à réviser les classifications et les qualifications pour que le principe « à travail égal, salaire égal » soit respecté. Que le patron grand, moyen ou petit, qui n'en tiendra pas compte, soit puni ! Une commission paritaire doit pouvoir être saisie par les travailleuses et leurs syndicats. Le patron doit être obligé de présenter un rapport annuel devant le comité d'entreprise sur les éléments de rémunération par service et par poste de travail.

Voilà du concret.

Deuxième exemple. Je défends cette liberté : le droit effectif pour chaque femme, chaque couple d'avoir les enfants qu'ils veulent au moment choisi, ou de ne pas en avoir. Avec les députées et députés communistes, j'ai combattu et je combats pour le développement de l'éducation sexuelle et de la contraception, pour l'amélioration de la loi sur l'interruption volontaire de grossesse, bref, pour créer les conditions qui permettront que chaque naissance soit un libre choix et une joie.

Il faut, en particulier, un congé de maternité de six mois pour toutes les femmes et des conditions de travail allégées sans perte de salaire pour les femmes enceintes et les jeunes mères. Il faut des mesures précises pour une meilleure surveillance médicale de la mère et du petit enfant. Il faut des sommes importantes pour les crèches et les écoles maternelles.

Voilà encore du concret.

« L'admission des femmes à l'égalité parfaite, a écrit le grand romancier Stendhal, serait la marque la plus sûre de la civilisation. » C'est mon intime conviction.

liberté dans l'entreprise

Dans l'entreprise on passe une grande partie de sa vie. Mais une fois entré à l'usine, au laboratoire ou au bureau, avec leurs barrières, leurs grillages ou leurs barbelés, leurs ouvertures et fermetures automatiques, leurs postes de garde, leurs guichets et leurs vigiles, leurs caméras, leurs cages vitrées pour les chefs, quelle place occupe-t-on, quelle liberté, quels droits a-t-on ?

On nous ressasse : « Chacun en France a le droit de dire ce qu'il veut. » C'est faux, absolument faux pour tout le temps passé dans l'entreprise. Un mot plus haut que l'autre, une protestation, une suggestion peuvent valoir au salarié des sanctions allant jusqu'au licenciement, nuire à sa promotion, à son salaire.

On nous rabâche : « Chacun en France a le droit d'écrire et de publier ce qu'il veut. » C'est faux, absolument faux pour les salariés dans leur entreprise. Quelles difficultés doivent surmonter, par exemple, les militants communistes pour rédiger, imprimer, diffuser leurs journaux d'entreprise ! Mais les patrons, eux, disposent de centaines de professionnels à leur botte et d'énormes moyens techniques pour distribuer chaque mois des millions d'exemplaires de journaux, de revues, de bulletins où ils font *leur* politique à l'entreprise. Avec des informations triées, orientées, déformées. Et avec les couplets paternalistes sur « la grande famille », ou « le bateau sur lequel on est tous embarqués et son pilote » : tous derrière et lui devant...

On nous sermonne : « Chacun en France a le droit de s'organiser, de former des associations ou des partis où il veut, comme il veut. » C'est faux, absolument faux pour les salariés sur le lieu du travail. Les patrons interdisent, persécutent, poursuivent les partis politiques. Ou plutôt, essentiellement le Parti communiste. Les militants sont parfois provoqués, pourchassés, brimés. Nous avons pu montrer à l'Assemblée nationale le fichier où la direction de Peugeot met des notes aux ouvriers en fonction de leur appartenance politique ou syndicale.

Tout cela doit changer. Ces lois, ces règlements moyenâgeux doivent disparaître. Il faut garantir à tous les travailleurs leur liberté effective d'opinion, d'expression, d'organisation politique et syndicale. Il faut abolir les droits absolus des patrons, supprimer leurs milices et leurs polices privées, supprimer leur fichage politico-syndical.

Un progrès capital serait accompli pour les travailleurs si les droits d'organisation et d'expression des partis politiques étaient reconnus et garantis sur le lieu de travail. J'ai la conviction que cette bonne cause avance. Il faudra bien que les patrons et l'Etat cessent de se considérer comme seuls autorisés à faire de la politique — et avec quels moyens de pression ! — au sein des entreprises. Il faudra bien qu'ils admettent les droits politiques du personnel, comme ils ont finalement dû admettre ses droits syndicaux.

Tout citoyen élit son maire, son député. Il peut être candidat. Il peut donner son avis par référendum sur les questions les plus complexes et les plus vitales de l'Etat. Du moins en principe. Mais dans l'entreprise ce même citoyen est considéré comme un incapable majeur, foncièrement incompétent, même pour des questions du niveau de son atelier. Il n'a qu'à obéir et subir. On lui dicte d'en haut, sans qu'il ait le droit de broncher, ce qu'il doit faire. Depuis ses origines le capitalisme a écrit ces mots invisibles à la porte des entreprises : « Ici tu cesses d'être un citoyen. Travaille et tais-toi. »

C'est exactement ce qu'exprimait le fameux Taylor, inventeur de l'organisation du travail qui porte son nom, quand il disait à un ouvrier : « On ne vous demande pas de penser. Il y a ici d'autres gens qui sont payés pour ça. » Abandonnée, cette conception ? Pas du tout, même si les « nouveaux patrons » l'expriment en général avec plus de ruse. J'ai pu avoir connaissance du film *Patrons-télévision* que le C.N.P.F. a fait interdire à Antenne 2. Voici, par exemple, ce qu'y déclare l'un des grands patrons interviewés, M. Jacques de Fouchier, président de la Banque de Paris et des Pays-Bas : « Ça vous paraîtra peut-être un peu provocateur, mais je l'affirme avec force, l'entreprise ne peut vivre que dans le cadre d'une constitution monarchique. » La monarchie dans la République, voilà bien l'entreprise aujourd'hui : une société en retard de deux siècles.

Le maintien de ces structures autoritaires est aberrant.

Il est aberrant de demander à des gens de produire quelque chose sans qu'ils sachent à quoi ça sert, sans qu'ils puissent lever la main et dire : « A moi la parole, je propose autre chose. »

Il faut mettre les salariés au courant de la vie de

l'entreprise. Plus de secret de la gestion et des comptes, y compris des comptes bancaires. Il faut que les travailleurs et leurs organisations représentatives disposent de plus de droits.

Il est aberrant que la plupart des travailleuses et des travailleurs ne puissent donner toute la mesure de leurs capacités dans leur travail, qu'on limite volontairement leur champ d'action, leur développement professionnel, qu'on leur coupe les ailes, qu'on rogne leur esprit d'initiative.

Il faut développer la formation permanente et faire en sorte qu'elle soit sanctionnée par des promotions, par une amélioration du travail. Il faut donner de grands pouvoirs, dans ce domaine, aux comités d'entreprise.

Il est aberrant que le travail se déroule le plus souvent dans une ambiance étouffante, sans possibilité de nouer des contacts confiants avec la hiérarchie, qu'une surveillance lancinante, parfois humiliante vous suive partout, jusqu'aux toilettes ou au restaurant ; qu'on essaie de maintenir par tous les moyens la coupure absolue entre dirigeants et exécutants, la domination de quelques-uns sur la grande majorité.

A tous les niveaux, et tout particulièrement là où se réalise la production, les travailleurs doivent pouvoir exprimer leurs besoins sans intermédiaire, donner leur avis directement sur les conditions et l'organisation du travail. Tel est, selon moi, le but des conseils d'atelier, de bureau, de chantier qu'il faut créer et expérimenter. Je précise bien : ce serait folie de vouloir concurrencer ou court-circuiter les syndicats représentatifs et les élus du personnel. Tout au contraire, je lutte pour accroître leurs droits et leurs moyens. Ce que je propose aux travailleurs, c'est un moyen supplémentaire pour se battre et gagner.

Le divorce entre un nombre croissant de salariés et leur travail n'a pas échappé aux patrons. Trop de gens, même parmi ceux qui ne font pas les 3 × 8 ou ne sont pas astreints à la chaîne, ont le sentiment de perdre leur vie au travail, en ressentent amertume ou désarroi, en viennent même à rejeter tout travail, ce qui est encore un piège. L'absentéisme, les rebuts qui résultent de ce dégoût et de la fatigue sont les bêtes noires des patrons. Aussi multiplient-ils les tentatives pour récupérer les aspirations au changement dans le travail. Il leur arrive d'être contraints à lâcher du lest.

Seulement, les patrons ne veulent changer les méthodes d'organisation qu'à condition de ne pas toucher à leur pouvoir dictatorial dans l'entreprise. Ils veulent continuer à dominer, contrôler, assujettir les salariés.

Mais leur tyrannie a fait son temps. Elle doit céder la place aux droits des travailleurs, à l'autogestion.

Pour les travailleurs, la liberté est une nécessité vitale. Ils ont besoin de plus de liberté pour lutter plus efficacement et améliorer leur vie, pour changer l'économie. Elargir leurs droits, en prenant appui sur tout ce qu'ils ont conquis et préservé dans l'histoire, c'est le bon chemin. Qui ne voit que chaque droit, comme chaque avantage acquis par les travailleuses et les travailleurs, c'est, dans la lutte de classe, un recul du capital, un progrès de la classe ouvrière, et aussi un progrès de l'entreprise et de l'économie ? C'est ainsi que va se créer un nouvel âge de la liberté.

commune, département, région, état

Il existe en France 36000 communes. Leur existence remonte aux luttes des citadins du Moyen Age contre les seigneurs féodaux. La Révolution a créé les départements. Un nouvel échelon vient d'apparaître : la région. Tout cela représente 36 000 maires, des centaines de milliers de conseillers municipaux, plusieurs milliers de conseillers généraux, élus au suffrage universel.

Malgré les insuffisances, les limitations, quel potentiel, quels points d'appui possibles pour le progrès social !

Malheureusement, les municipalités et les conseils généraux manquent de pouvoirs et de moyens. Les régions ne sont apparues que sous une forme timide, je dirai même mutilée, paralysée.

Démocratiser l'État est une condition du progrès social, du dépassement des inégalités, de l'issue à la crise.

Dans le cadre de l'unité nationale, le Parti communiste propose un système démocratique à quatre étages : commune, département, région, nation.

Dans cette conception la commune doit jouer un grand rôle. A la base de l'édifice, elle constitue la charnière de l'État et de la société. J'ai étudié les résultats de la liquidation des communes effectuée au cours des vingt dernières années dans des pays comme l'Allemagne fédérale ou la Suède. Ce serait insupportable chez nous. C'est pourquoi j'attache une importance vitale à l'existence des 36 000 communes de France. La vie locale doit relever de leur entière responsabilité. Leurs conseils municipaux doivent disposer de pouvoirs et de moyens étendus, ce qui nécessite en particulier une réforme de l'impôt.

Entre la commune et la région, le département doit fonctionner sur des bases nouvelles. Il doit acquérir pleine compétence pour des services et des équipements propres à son niveau.

Quant à la région, il faut, à mon sens, qu'elle obtienne des pouvoirs étendus.

Un pouvoir économique d'abord, qui lui permette d'empêcher le gaspillage et la stérilisation des ressources naturelles, d'imposer le maintien et le développement des capacités économiques, de mettre en valeur les possibilités régionales par des activités nouvelles. La région doit conquérir la maîtrise de son territoire dans plusieurs domaines : en particulier pour ce qui concerne les équilibres écologiques, les ressources en eau, la mise en valeur de la forêt, la protection de l'environnement. Elle doit pouvoir coopérer avec les communes et les départements pour aménager le territoire. Elle doit avoir le droit de définir la localisation des équipements régionaux. Ou encore d'intervenir pour équilibrer production et consommation d'électricité. Dans le domaine culturel la région doit gagner un droit d'initiative. Et je ne conçois pas que les régions puissent vraiment vivre sans obtenir un véritable droit à la parole à la radio et à la télévision.

Voilà donc un nouveau pouvoir à conquérir et à construire : le pouvoir régional.

Au quatrième niveau — le niveau national —, il importe de mettre en œuvre, dans les conditions de notre temps, les principes de la démocratie politique à la française. Il faut remettre à sa juste place chacune des institutions nationales : le président de la République ne doit se substituer ni au Parlement ni au gouvernement ; l'Assemblée nationale doit décider en dernier ressort.

A chaque étage nous voulons une assemblée élue au suffrage universel direct : conseil municipal, conseil général, assemblée régionale, Assemblée nationale. Pour être représentatives ces assemblées doivent être élues à la représentation proportionnelle. Quoi de plus équitable, en effet, pour respecter la volonté des électrices et des électeurs ?

Bien entendu, ce système nouveau ne pourra fonctionner que si on débarrasse communes, départements et régions de la tutelle tâtillonne, autoritaire, bureaucratique des préfets. A leur place le gouvernement enverra de simples délégués, chargés de coordonner les services de l'Etat aux différents niveaux.

Les assemblées élues à la représentation proportionnelle doivent avoir pour fonction de répondre, selon des compétences définies pour chaque niveau, aux besoins individuels et collectifs des habitants. Le principe général de cette décentralisation consiste à ne pas renvoyer à un échelon supérieur tout ce qui peut être décidé à l'échelon le plus bas, le plus proche des gens.

à bas la bureaucratie !

Cette décentralisation s'inscrit, à mes yeux, dans un combat plus vaste : le combat nécessaire contre la bureaucratie.

Appelé souvent en qualité de député à débrouiller des dossiers difficiles, je calcule parfois en mon for intérieur les mètres, les kilomètres parcourus en démarches. Je compte les heures, les mois, voire les années. J'évalue les kilos de paperasses. Demandes écrites, formulaires en plusieurs exemplaires, pièces à renouveler pour chaque dossier, convocations, rapports, enquêtes et contre-enquêtes, expertises, cachets, tampons, signatures, timbres, on n'en sort pas, et à la moindre erreur tout est à recommencer. Ce système arrive à donner mauvaise conscience aux ayants droit : ils se sentent « empoisonnants », « quémandeurs », « pas en règle ».

Plus on est démuni, plus on pâtit de la bureaucratie. On n'est pas informé de ses droits, de la filière à suivre. On a du mal à remplir les papiers, à trouver du temps pour se déplacer, faire la queue, revenir. Quand la pension, le remboursement ou le secours dus n'arrivent pas, on est parfois plongé dans le drame. « Repassez, on vous convoquera », ou bien « C'est la faute de l'ordinateur » : tout ce mépris bureaucratique des individus doit cesser.

Ces tracasseries ne proviennent pas des fonctionnaires. Ligotés par des règlements impossibles, freinés par une hiérarchie insurmontable, manquant de moyens, ils protestent. Il faut donc renverser le cours actuel des choses : au lieu de continuer à saboter les services publics, l'Etat doit les développer en les rendant plus démocratiques, plus accessibles à tous.

Des mesures simples amélioreraient les relations des citoyens avec l'administration. Par exemple, toutes les décisions administratives devraient être motivées. Chacun devrait avoir communication de son dossier et pouvoir présenter ses observations ou organiser sa défense avant qu'une décision défavorable ne soit prise à son encontre. Il devrait pouvoir faire appel aisément. Les documents et les dossiers administratifs devraient être accessibles à tous les citoyens, sauf dans quelques cas prévus par la loi. Comme l'informatique est, de toute évidence, le moyen technique nécessaire pour moderniser l'administration, il faut qu'elle soit utilisée sans porter atteinte à la vie privée et aux libertés des citoyens ; en particulier chacun doit pouvoir accéder à toutes les fiches constituées à son nom et être informé de leur utilisation.

pour les dom-tom : autodétermination

Puisque je parle de liberté, je tiens à aborder encore une très grave question. En effet, il subsiste dans le monde quelques îlots de colonisation et, parmi eux, ceux dans lesquels le gouvernement français maintient une domination d'un autre âge. Je veux parler des départements d'outre-mer — la Guadeloupe, la Guyane, la Martinique, la Réunion — et des territoires d'outre-mer — la Nouvelle-Calédonie et la Polynésie.

Dans ces pays, la politique giscardienne se traduit par une crise catastrophique des bases productives. Les trusts français se désintéressent en grande partie des secteurs traditionnels, notamment du sucre, pour se tourner vers des activités improductives qui leur rapportent des surprofits : tourisme de luxe, spéculation foncière et immobilière, grand négoce, voire tout simplement jeu sur les désordres monétaires et sur la flambée des métaux précieux. A la Martinique, la production sucrière est presque liquidée. Début 1980, il ne restait plus que deux usines en fonctionnement. Encore l'une des deux n'est-elle restée ouverte que grâce à la lutte conjuguée des travailleurs, des planteurs et de la municipalité communiste sur le territoire de laquelle elle se trouve. A la Guadeloupe, les géants de la finance organisent la casse des usines sucrières. Comme celle de Darbousier détruite par le baron Empain.

Dans ces DOM-TOM le secteur industriel, déjà faiblement développé, régresse au point de disparaître et l'artisanat recule. En Nouvelle-Calédonie, par exemple, alors que les réserves de nickel sont immenses, ce secteur connaît une crise profonde.

M. Giscard d'Estaing et son ministre Dijoud ont maintes fois réaffirmé leur désir de réduire ces pays au simple rôle de « ports d'éclatement » au profit des trusts français et européens.

Enfin — et peut-être surtout — certains de ces pays présentent pour l'impérialisme français un intérêt militaire et stratégique de premier plan. C'est notamment le cas de la Réunion et des Antilles, situées dans deux régions, l'océan Indien et les Caraïbes, que les impérialistes considèrent comme vitales dans le dispositif qu'ils déploient pour faire face à la poussée libératrice des peuples.

Les conséquences humaines de cette politique sont dramatiques. Le chômage total ou partiel frappe la moitié de la population, le sous-emploi féminin est généralisé, et deux jeunes sur trois sont privés d'emploi. L'augmentation incessante des prix et des taxes réduit le pouvoir d'achat des travailleurs et des petits et moyens paysans, et plonge dans la misère un nombre croissant d'hommes et de femmes. Il faut voir, par exemple, le bidonville de Cœur-Saignant à La Réunion, où je me suis rendu en avril 1979, pour mesurer la détresse matérielle et morale dans laquelle sont jetés nombre d'habitants de ces pays. La même situation prévaut au Antilles et dans les autres DOM-TOM.

Plus grave encore, l'existence même de ces peuples dans un avenir proche est menacée. La natalité baisse brutalement, en même temps que sont organisés l'émigration massive des jeunes et leur remplacement par des gens venus d'ailleurs. Aux Antilles, plus du tiers des Guadeloupéens et des Martiniquais sont contraints à venir en France. A La Réunion, plus du quart de la population est acculé à l'exil. On peuple la Guyane d'immigrés venus du Sud-Est asiatique. En Nouvelle-Calédonie, le peuple canaque, après avoir difficilement survécu aux massacres coloniaux du début du siècle, est menacé.

En France, les originaires des DOM-TOM subissent une exploitation capitaliste renforcée, des discriminations de toute sorte et le racisme gouvernemental et patronal.

Pour maintenir son système dans les DOM-TOM, l'impérialisme français renforce son administration, son dispositif militaire, ses forces répressives. L'arbitraire, les discriminations, la violation ouverte des Droits de l'homme, la brutalité deviennent de plus en plus la règle.

A bas le colonialisme ! C'est notre principe. Et c'est notre action de toujours.

Je réaffirme donc le droit inaliénable des peuples

des DOM-TOM à choisir librement leur statut, à décider de leur avenir, leur droit intangible à l'autodétermination. Avec tous les communistes français, je lutte pour créer des conditions démocratiques garantissant le libre exercice de ce droit.

La convergence des luttes des travailleurs des DOM-TOM avec celles de l'ensemble des travailleurs de France revêt une grande importance. C'est pourquoi le Parti communiste français agit pour la satisfaction des revendications des travailleurs des DOM-TOM, pour l'application sans discrimination de leurs droits économiques et sociaux, pour le respect et l'extension de leurs libertés.

Le combat pour assurer à ces peuples et à ces pays le progrès, la justice, la liberté et la dignité, c'est aussi notre combat.

En écrivant ces pages sur la liberté, je pense à l'émotion que suscitent en moi ces paroles du *Chiffon rouge* quand je les entends chanter par des jeunes engagés et combatifs :

« *Compagnon de colère*
Compagnon de combat
Toi que l'on faisait taire
Toi qui ne comptais pas
Tu vas pouvoir enfin le porter
Le chiffon rouge de la liberté
Car le monde sera
Ce que tu le feras
Plein d'amour, de justice et de joie. »

Justice, liberté, fraternité, oui, c'est ce que je veux, avec tous mes camarades. Quel beau combat !

[illegible]

[illegible]

[illegible]

[illegible]

[illegible]

[illegible]
[illegible]
[illegible]
[illegible]
[illegible]
[illegible]
[illegible]
[illegible]
[illegible]

[illegible]

5

oui, la révolution

Tout ce que je viens d'esquisser, ne le renvoyons pas à plus tard. C'est maintenant, sans attendre, qu'il faut entreprendre ces changements.

C'est pourquoi les communistes font ce qu'il y a à faire pour obtenir que ça change en tout domaine. Ils recherchent tous les progrès possibles, petits ou grands, vers plus de justice et de liberté.

Cette lutte, nous proposons à tous les travailleurs de la mener ensemble. Défendons-nous, ne laissons pas faire, et surtout arrachons des avantages et des droits, avançons. Plus les changements seront importants, plus les possibilités seront grandes de lutter pour changer davantage les choses.

un socialisme démocratique, autogestionnaire

Cette lutte, nous voulons la pousser jusqu'au bout, jusqu'à notre idéal, le socialisme.

Le socialisme, c'est, en quelque sorte, l'arbre qui naît de la tige, grandit, s'épanouit. Son développement connaît des phases diverses, tantôt lentes, tantôt accélérées ; tantôt continues, tantôt interrompues de sauts brusques. Dès maintenant, dans les luttes, s'ouvre l'horizon de cette société nouvelle.

J'ai parlé des pays socialistes. J'ai parlé aussi des acquis du mouvement ouvrier français. Le socialisme est la réponse aux problèmes de la société française, la seule conforme aux intérêts des travailleurs et de la nation. Pour cette raison le socialisme aura, en France, des caractères français. Ce sera le socialisme à la française. Comme nous disons : le socialisme aux couleurs de la France, démocratique, autogestionnaire.

La France a besoin d'une démocratie sociale. Le socialisme implique d'abord la lutte contre le chômage et l'austérité, l'élimination de la pauvreté, de la gêne, des inégalités. Personne ne vivra plus dans la hantise des fins de mois, de la saisie ou de l'expulsion, de la maladie, du handicap physique, de la vieillesse. La masse des Français pourra consommer davantage et mieux. Les conditions de travail seront systématiquement améliorées. Une nouvelle qualité de la vie se créera. Le socialisme, c'est le développement de tous les individus dans la diversité toujours plus riche de leurs personnalités et dans la solidarité. Bref, le socialisme que nous voulons c'est la justice sociale et la fraternité.

La France a besoin d'une démocratie économique.

Le socialisme signifie une autre façon de développer l'économie. Les travailleurs, les usagers, les citoyens en décideront, exerceront leur contrôle, recueilleront les résultats. Bref, le socialisme que nous voulons, c'est une vraie nouvelle croissance, servant le progrès social et prenant appui sur lui.

La France a besoin d'une démocratie politique. Le socialisme garantira tous les Droits de l'homme, développera les libertés comme jamais auparavant dans notre pays, en respectant le pluralisme et en laissant la possibilité de l'alternance. Chaque travailleur, chaque citoyen pourra participer effectivement à l'élaboration, à l'exécution et au contrôle des décisions dans tous les domaines. Chacune, chacun, individuellement ou collectivement, pourra exprimer ses opinions, faire connaître ses revendications, présenter ses propositions et ses critiques. Bref, le socialisme que nous voulons, c'est la liberté.

En même temps le socialisme modifiera en profondeur les rapports entre les hommes. Les mentalités, les habitudes, les comportements, la culture, les rapports sociaux dans leur ensemble sont imprégnés, depuis des siècles, par l'exploitation et l'oppression. Depuis des siècles une minorité dirige tout, alors que la masse des travailleurs est confinée dans un rôle d'exécution. Il faut donc, dans tous les domaines, à tous les niveaux, sous toutes les formes possibles, imaginer, expérimenter, mettre en place, développer une vie nouvelle. Vie nouvelle dans les entreprises où il faut passer de la monarchie, du commandement et de l'obéissance passive à une véritable communauté de travail, de responsabilité, d'initiative, avec tous les travailleurs. Vie nouvelle dans les communes et les régions. Vie nouvelle dans les institutions politiques où le gouvernement exercé de haut et de loin par une minorité doit céder la place à la gestion de la société tout entière par les travailleurs, les citoyens eux-mêmes. Bref, le socialisme que nous voulons, c'est l'autogestion.

Les travailleuses et les travailleurs, les jeunes, les intellectuels aspirent au socialisme. Ils en ont assez de ce régime sordide, brutal, de la jungle et de la chiourme capitalistes, de l'hypocrisie politicienne. Ils veulent autre chose : une autre vie, plus libre, plus sûre ; une autre société, plus juste, plus transparente ; une autre politique, plus humaine et plus vraie.

les nationalisations

Pour développer ainsi la démocratie jusqu'au bout, pour garantir chaque avantage et chaque droit obtenus, pour aller plus loin, il faut bien savoir qu'il y a des conditions.

Les travailleuses et les travailleurs ne peuvent envisager leur libération sans des transformations profondes. Si on se dérobe devant les réformes qu'elles impliquent, on se contente de bonimenter ou de rêver, on ne fera jamais le socialisme.

En premier lieu, il faut soustraire la France à la domination des puissances d'argent.

Plus je considère la vie des travailleuses et des travailleurs de France, plus je voyage, plus je compare la situation de notre pays à celle de nombreuses autres nations, — plus je me convaincs que la propriété privée des grands moyens de production et d'échange est périmée. Plus la crise se développe, plus elle confirme que cette propriété est un vol et un formidable gâchis matériel et humain.

Les gangsters du pétrole, les maîtres de l'acier, les seigneurs de l'automobile, les empereurs de l'électronique ou de la chimie, les rois des médicaments, du nucléaire, du textile, de la machine-outil, les monarques de la banque sont les ennemis jurés de la justice et de la liberté, les ennemis jurés du progrès. La France ne saurait dépendre encore longtemps sans dommages dramatiques du bon plaisir des milliardaires.

Je me bats donc pour les nationalisations. Il faut arriver à nationaliser l'ensemble du système bancaire et financier et les grandes entreprises. Toute grande entreprise a vocation à être nationalisée.

Dans la sidérurgie, par exemple, les Denain-nord-est et Marine-Wendel (Sacilor, Sollac, Solmer) cassent les hauts fourneaux et les laminoirs, stoppent une aciérie à oxygène en construction, foudroient les mines de fer après les avoir écrémées. Déjà, dans une consultation, 100 000 travailleurs de Lorraine se sont prononcés pour la nationalisation de ces groupes. Qu'attend-on encore ? Luttons pour nationaliser la sidérurgie et les mines de fer.

A Belfort, les travailleurs d'Alsthom — ouvriers, techniciens et ingénieurs — se sont battus contre le magnat Ambroise Roux parce qu'ils estiment avec raison qu'on ne peut continuer à faire des trains à grande vitesse, des équipements de centrales nucléaires ou d'accélérateurs de particules comme on a fait les pyramides du temps jadis : avec les esclaves. Pourquoi ne pas aller jusqu'au bout ? Luttons pour nationaliser Alsthom, C.G.E. et les autres trusts de l'équipement électromécanique.

Dans l'automobile, Renault prouve la capacité technique et la rentabilité d'une entreprise nationale, y compris à l'exportation. Une C.G.T. puissante, une section communiste active luttent dans l'entreprise. En revanche, chez Peugeot-Citroën-Talbot les salaires sont plus bas, la répression est la règle : un ouvrier Renault gagne, à travail égal, 700 francs de plus qu'un ouvrier Peugeot ; les salariés de Renault viennent d'ouvrir la brèche de la cinquième semaine de congés payés. Déjà dix mille ouvriers de l'usine mère de Peugeot, à Sochaux, ont pris position pour la nationalisation. Pourquoi retarder cette mesure ? Luttons pour nationaliser Peugeot-Citroën-Talbot et les autres grandes firmes du secteur automobile et poids lourd.

L'affaire du talc Morhange, étouffée par la justice bourgeoise, a souligné le manque de scrupules humains des trusts qui font leurs profits de la maladie. Les grands producteurs de médicaments saignent à blanc la Sécurité sociale. Plusieurs sondages ont montré qu'une importante majorité des Français est favorable à la nationalisation de l'industrie pharmaceutique. Pourquoi différer ? Luttons pour nationaliser cette industrie afin qu'elle réponde à sa vocation sociale.

Rhône-Poulenc s'affirme incapable de maintenir en France ses usines de textile. En réalité, il ne le veut pas, parce qu'il préfère construire des usines similaires à l'étranger en espérant y pressurer quelques années une main-d'œuvre moins résistante. Pourquoi ne pas tirer les conclusions ? Luttons pour nationaliser Rhône-Poulenc en maintenant les productions textiles du groupe. Et ce n'est pas, à beaucoup près, la seule raison de le nationaliser.

L'électronique est une industrie fondamentale pour le présent et l'avenir. Quelques trusts s'en occupent fort mal. L'empire américain I.B.M. s'est implanté pour envahir une grande partie du marché français. L'intérêt national ne commande-t-il pas de nationaliser au plus vite les bases de l'électronique ?

Ce ne sont là que des exemples. Ici, je ne dresse pas de liste. Je propose d'étudier les nationalisations avec les travailleurs concernés. Mais je pense qu'il faut attaquer la grande propriété capitaliste par tous les bouts possibles. Ne laissons pas le capital maître du jeu. Battons-nous pour lui prendre les leviers de commande.

Bien entendu, cela ne veut pas dire que je propose de tout nationaliser, des coiffeurs jusqu'aux restaurants !

Cette accusation de... café du commerce est si grotesque que je ne ferai pas perdre le temps de mes lecteurs en y insistant. A côté des nationalisations il y aura, dans la France socialiste, d'autres formes de propriété sociale (par exemple, des coopératives) et un secteur économique fondé sur la propriété privée, artisanale, commerciale et industrielle. C'est une exigence du bon sens quand on veut satisfaire au mieux les besoins. La France doit avoir, en particulier, une agriculture moderne et puissante. Or celle-ci n'est possible chez nous qu'en assurant des revenus décents et garantis aux producteurs agricoles ; loin de la « collectiviser », le socialisme modernisera l'exploitation familiale.

une nouvelle planification

Je me bats en même temps pour une nouvelle planification nationale. En effet, qui décide aujourd'hui du Plan ? Pour quoi ? Pour qui ? Les salariés ne sont pas libres de fixer à leur travail des objectifs d'amélioration de leur vie et de développement de la nation. Ils ne sont pas libres de disposer des moyens pour atteindre de tels objectifs. Le Plan exprime aujourd'hui la seule concertation réelle qui existe dans notre pays : la collusion entre l'Etat et les patrons de la finance et de l'industrie.

Je juge indispensable de renverser la vapeur. Les élus de la nation doivent décider réellement du Plan national. Les élus locaux et régionaux doivent pouvoir élaborer les plans partiels de leur ressort et participer à l'élaboration et à la réalisation du Plan national par une confrontation des propositions émanant des différents niveaux. Les travailleuses et les travailleurs doivent pouvoir intervenir directement dans la planification au niveau de leurs entreprises, groupes et branches d'activité.

le pouvoir des travailleurs

Une autre condition capitale du socialisme, c'est le changement du pouvoir politique.

L'entreprise où ils sont salariés, la localité où ils habitent sont, pour les travailleuses et les travailleurs, les lieux où leurs luttes s'expriment directement, s'enracinent. D'où l'importance que j'ai accordée aux changements à conquérir avant tout dans l'entreprise, et aussi dans la commune. Mais les travailleuses et les travailleurs ne peuvent laisser hors d'atteinte, aux mains d'une autre classe, les centres de décision supérieurs, en particulier ceux où se prennent les décisions nationales.

Seul un pouvoir représentatif du peuple travailleur, au sein duquel la classe ouvrière exercera un rôle politique dirigeant, permettra de réaliser la transformation de la société. Ce pouvoir sera démocratique. Parce que la direction de la société appartiendra réellement à la majorité du peuple. Parce que le pouvoir respectera et fera respecter les choix majoritaires. Parce qu'il garantira l'exercice des droits de contestation et d'opposition de la minorité. Parce qu'il assurera et favorisera la participation des travailleurs, des citoyens sous toutes les formes connues ou à imaginer. Parce qu'il garantira les libertés et les Droits de l'homme.

A notre époque, en France, cette transformation du pouvoir politique ne peut se faire qu'en passant de l'étatisme à un Etat démocratisé, décentralisé, débureaucratisé. Il s'agit d'inventer une République nouvelle. J'en ai déjà parlé. Par exemple, le socialisme que nous voulons, c'est, dans le cadre national, l'autogestion communale et le pouvoir régional.

Dans notre pays, à chaque étape de la construction de la société nouvelle, le suffrage universel conditionnera la poursuite des transformations engagées. Tous les partis devront respecter son verdict. La représentation proportionnelle garantira à chaque courant ou organisation politique, de la majorité ou de l'opposition, une représentation conforme à son influence réelle. Aucun parti ne pourra dominer l'Etat et s'identifier à lui. Les partis de la majorité coopéreront à part entière dans l'exercice du pouvoir à chaque échelon.

Bref, la classe ouvrière doit établir enfin la souveraineté populaire.

suffrage universel et luttes

Un changement de fond en comble ?

Oui. Le socialisme démocratique, autogestionnaire dont la France a besoin et que nous voulons, c'est cela. Un mot le résume : *révolution.*

Ce mot signifie-t-il que nous voulons faire la même chose que Lénine et les bolcheviks en 1917, que Mao Tsé-toung en Chine ou Fidel Castro à Cuba ? Faut-il identifier révolution socialiste et guerre civile ?

Evidemment, non. Le mot « révolution » a une signification précise. Il veut dire : changement de société, remplacement d'une société dépassée par une société meilleure, plus humaine. La révolution sera faite quand on ne pourra plus dire en France comme Victor Hugo dans *Les Châtiments* :

« *Sans trêve, nuit et jour, dans le monde où nous sommes,*
Ainsi que des raisins on écrase des hommes,
Et l'or sort du pressoir. »

Quant à la façon dont ce changement social peut et doit se faire, elle n'est pas contenue dans le mot « révolution » : elle dépend des pays et des époques.

Le peuple français a conquis le suffrage universel, un ensemble de droits démocratiques. La bourgeoisie tente de les tronquer, de les truquer. Mais cet acquis est, pour l'essentiel, irréversible. C'est de cela que nous partons. Les changements révolutionnaires doivent s'accomplir par des choix majoritaires sanctionnés par le suffrage universel, je viens de le souligner.

Mais gare aux illusions ! Pour transformer la société, la majorité ne peut provenir que d'un mouvement majoritaire du peuple. Ce mouvement ne peut se réaliser que dans et par les luttes.

Les luttes sont donc nécessaires : une suite de luttes de classe et de masse. Les luttes préparent l'expression du suffrage universel, puis les luttes assurent l'application de ce qu'il aura décidé et préparent de nouveaux progrès. Sans des luttes puissantes, diversifiées, visant des objectifs de plus en plus élevés, le suffrage universel ne peut donner que ce qu'on a toujours connu : des promesses suivies de déconvenues ou de progrès trop limités.

Tout se tient dans la politique que nos 22ᵉ et 23ᵉ congrès ont définie : la voie démocratique d'un socialisme démocratique implique la lutte révolutionnaire et le rôle de la classe ouvrière.

classe ouvrière et lutte de classe

La lutte des classes n'est pas une invention des communistes, mais une dure réalité. Elle résulte de l'opposition irréductible d'intérêts entre la minorité exploiteuse et les millions de salariés qu'elle exploite.

Plus le patron gagne, plus l'ouvrier perd. Et réciproquement !

La bourgeoisie exerce le pouvoir en France depuis deux siècles, après s'y être préparée dès la fin du Moyen Age. Elle a accumulé de l'expérience. Elle s'est forgée, malgré sa corruption, une volonté de défense de classe. Elle a tout pratiqué à la suite ou à la fois, de la ruse à la menace, de la démagogie à la répression, de la négociation à la provocation, du parlementarisme au pouvoir personnel, du nationalisme chauvin à la collaboration avec Hitler... Elle a acquis un sens aigu des situations difficiles pour elle. Elle est passée maîtresse dans l'art de tenir deux fers au feu et sait changer d'hommes, de combinaisons, de formations politiques pour sauvegarder ses intérêts.

Aujourd'hui la bourgeoisie française a peur. Elle a reculé, beaucoup reculé. Dans le monde. Et en France. J'en ai cité des exemples. Sa marge est de plus en plus réduite. Elle se bat pour s'opposer aux forces ouvrières et démocratiques, au socialisme. Quel rêve de croire qu'elle pourrait jeter l'éponge !

Pour moi, jamais la vie, la santé, la liberté d'un travailleur, d'une travailleuse ne doivent être mis en balance avec des milliards de profits, avec « tout l'or du monde », comme dit la Jeunesse ouvrière chrétienne. Nous sommes communistes parce que nous ne nous bornons pas à dénoncer l'exploitation : nous la combattons de toutes nos forces, par tous les moyens possibles. Quand on dit : « L'exploitation est infâme », il faut dire : « Luttons jusqu'au bout pour la supprimer. » C'est cela, être communiste : dire l'un et l'autre.

Ou plus exactement : dire et agir. Nous sommes un parti d'action. Nous mettons tout en œuvre, sans attendre, pour que la devise de la Révolution française « Liberté, égalité, fraternité » trouve enfin son application chez nous pour toutes les femmes et tous les hommes.

Demander à la classe ouvrière de renoncer à la lutte de classe, c'est, de toute évidence, la livrer pieds et poings liés à ses exploiteurs : ceux qui traitent les salariés comme des objets, mutilent leurs personnalités ; ceux pour qui les maladies professionnelles, les accidents du travail, l'épuisement physique et moral des travailleurs font partie de l'ordre normal de la production ; ceux qui trouvent légitime qu'il y ait toujours des pauvres et que ce soient toujours les mêmes ; ceux pour qui le gain est tout, et l'être humain rien. Demander à la classe ouvrière de renoncer à la lutte de classe, c'est la stopper en pleine montée, au moment où sa poussée libératrice travaille la société française.

La lutte de classe ne déshumanise pas la classe ouvrière. Au contraire. Ce qui mutile ou avilit, c'est le renoncement. Ça sonne fier, un ouvrier ou une ouvrière qui ne se laisse pas écraser ou écœurer, se révolte et se bat pour soi et pour les siens.

Dans cette lutte, la classe ouvrière élargit son horizon, prend conscience de son rôle transformateur. Elle acquiert des qualités nouvelles, des connaissances, une expérience qui profitent aux autres couches du peuple. Elle surmonte les sectarismes. Elle crée ou développe des valeurs morales. Sous cet aspect, la lutte de classe est un humanisme.

Longtemps les ouvriers ont cru possible de confier leurs intérêts à des « personnalités » venues d'autres milieux, à des partis qui représentent autre chose que les travailleurs. L'expérience de cette délégation de pouvoirs a été rude et les déceptions nombreuses. Mais elles ont aidé beaucoup de travailleurs à comprendre que la classe ouvrière doit avoir ses objectifs à elle et ses organisations à elle pour les atteindre. De cette conviction sont nés la C.G.T. sur le plan syndical, le Parti communiste français sur le plan politique.

Dans la lutte, la classe ouvrière a produit et formé ses propres cadres. Quand je rencontre ces femmes et ces hommes venus des mines, des ateliers, des bureaux, discutant avec passion et pertinence des questions économiques, des problèmes internationaux, des problèmes de l'éducation ou de la culture, bref de tout ce qui fait la vie de la société, je me dis souvent : « Comme les patrons préféreraient n'avoir en face d'eux que des ouvrières et des ouvriers inorganisés, dispersés et isolés, peu instruits, à l'horizon borné ! Mais ce temps n'est plus, un progrès irréversible s'est accompli et se poursuit. »

J'ai lu avec une émotion indicible le témoignage de cette militante catholique de la C.G.T., Aurélie, une O.S. de Belfort. Gravement malade, elle reçut peu avant sa mort la visite de mon camarade Henri Krasucki. Voici ce qu'elle en a dit :

« Il ne m'a pas parlé des grands événements du moment, mais il m'a raconté son combat, quand il était ajusteur dans une petite entreprise du même genre que celle où je travaillais, et cela m'a fait bien plaisir, car voir un petit ajusteur aux postes de responsabilité, aujourd'hui, de notre organisation ! J'en étais très fière... Se former pour un monde de travailleurs est important et c'est ce choix que j'ai fait il y a quelques années. Et c'est ce choix que de nombreux camarades ont fait... »

Ces centaines de milliers de syndicalistes, d'élus, de responsables divers, de toutes corporations, de tous âges, femmes et hommes, qui exercent des fonctions dirigeantes et sont, comme on dit, des « hommes d'Etat », cela constitue un trait original de la France moderne. C'est déjà un bouleversement démocratique profond, et c'est la possibilité d'aller encore beaucoup plus loin dans la démocratie.

Le grand malheur pour la France et les Français, c'est que tout ce potentiel, cette force créatrice, transformatrice reste écartée de la direction des affaires du pays. Le pluralisme, dans l'état actuel de la société, consiste à faire en sorte que la classe ouvrière prenne toute sa part des responsabilités nationales. Il est grand temps qu'elle cesse d'en être exclue.

l'union par et dans les luttes

Les luttes de classe et de masse, tel est aussi le chemin — le seul — pour parvenir à l'union. Une preuve encore que tout se tient !

En effet, pour créer un mouvement transformateur majoritaire, il est indispensable que les ouvriers, les employés, les techniciens, les paysans, les intellectuels se retrouvent sur des objectifs communs : des objectifs qui correspondent aux intérêts des uns et des autres. Cela suppose des choix. Il existe certains intérêts contradictoires entre les différentes couches sociales qui composent le peuple. Les choix devront accorder la priorité aux intérêts des plus exploités, des plus démunis. Ce sont les choix de justice sociale et de liberté dont j'ai parlé. Ils ne léseront aucun travailleur.

La France est un pays où les gens se sont donné depuis longtemps des organisations pour se défendre, pour exprimer leurs désirs et leurs intérêts. Ils se sont donné, en particulier, des partis politiques. On ne peut donc, chez nous, concevoir un rassemblement majoritaire sans la conclusion d'accords entre les partis qui seront conduits à se prononcer pour le changement.

Voilà pourquoi nous sommes, nous communistes, passionnément attachés à l'union. Nous la voulons pour aujourd'hui et pour demain. Nous voulons une union de la gauche claire, forte, durable, autour d'objectifs transformateurs correspondant aux besoins de la classe ouvrière et du peuple, une union dans l'égalité et la loyauté.

A cet égard nous avons fait une expérience : celle

de l'accord avec le Parti socialiste sur un programme commun de gouvernement dont nous avons été les initiateurs et pour lequel nous avons beaucoup lutté. Malgré tous nos efforts cette expérience n'a pas répondu à l'immense espoir que les travailleurs avaient placé en elle. Au dernier moment, le Parti socialiste a pu rejeter le programme commun, rompre l'union et provoquer la défaite. Quand on entend aujourd'hui F. Mitterand se livrer à des surenchères pro-atlantiques et antisoviétiques, et que l'on voit R. Fabre répondre aux offres de service de Giscard d'Estaing, on mesure combien notre parti a eu raison de s'élever dès 1977 contre l'orientation à droite adoptée par ses partenaires.

Nous avons beaucoup réfléchi sur cette expérience, sur les causes de son échec. La grande leçon qui s'en dégage, c'est, à notre avis, celle-ci : ce qui est, sera et sera toujours déterminant pour faire vraiment bouger la société, c'est le mouvement populaire, c'est l'action et l'union des travailleurs eux-mêmes, des gens sur des objectifs qu'ils définissent, soutiennent, contrôlent eux-mêmes. Ouvriers, employés, techniciens, paysans, intellectuels doivent bâtir l'union en êtres humains conscients de participer à une œuvre de progrès. A chaque moment ils doivent se poser la question : « Cette union, à quoi va-t-elle servir ? Qui va-t-elle servir ? », et, à partir de là, déterminer eux-mêmes ce qu'il faut viser et comment on peut l'atteindre. Ils doivent s'engager pour le faire.

En exposant cette conclusion du Parti communiste français, j'ai bien conscience d'aller à contre-courant de certaines idées reçues, de certaines habitudes. Les traditions politiques françaises ont du bon, mais elles ont aussi des aspects qui freinent le mouvement des travailleurs. Pour la bourgeoisie, la politique consiste à faire voter les travailleurs tous les cinq ou sept ans en leur disant : « Votez, votez et laissez-nous faire, regardez la télévision. » C'est la pratique de la délégation de pouvoirs, des « notables » agissant et décidant à votre place, des accords (et bien souvent des combines) d'états-majors.

La conception que je défends est toute différente. C'est une autre manière de faire de la politique. Elle bouleverse bien des comportements. Elle exige de chacune et de chacun qu'ils s'engagent, qu'ils fassent effort.

Mais je n'ai pas le droit de dorer la pilule. Ce qui s'est passé en 1977-1978 a bien montré que la vieille manière de faire de la politique ne marche pas quand il s'agit de changer la société. Pour faire la révolution, il faut s'y prendre de manière révolutionnaire. Faut-il redire que tout se tient ?

Personne ne fera leur bonheur à la place des travailleuses et des travailleurs.

Les accords sur le papier, les commissions-bidons, les serments et les promesses des politiciens la bouche en cœur, tout cela ne fait pas avancer la cause ouvrière d'un millimètre. Si les travailleuses et les travailleurs ne fixent pas eux-mêmes leurs objectifs et n'entrent pas en lutte pour les atteindre, s'ils n'exercent pas leur contrôle sur les accords politiques, il y aura toujours des illusions suivies de déceptions.

Après avoir vécu pendant des années la bataille du programme commun, je suis convaincu que le seul sillon qui aille loin est celui que travailleuses et travailleurs creuseront en conduisant eux-mêmes la charrue. Jaurès disait aux ouvriers : « Ne passez pas l'outil à d'autres. » C'est la sagesse et l'efficacité.

Sur ce chemin la réussite passe par la force du Parti communiste : j'en reparlerai plus loin.

La « lutte finale » dont parle *l'Internationale* a commencé. Elle connaîtra sans doute des épisodes et des rebondissements. Nous sommes entrés dans une époque où tout progrès démocratique devient un point d'appui pour d'autres progrès. La classe ouvrière de notre pays est de taille à rassembler toutes les forces populaires pour réaliser, deux cents ans après, la deuxième Révolution française, plus importante encore que la précédente : la révolution socialiste. J'y crois.

6

diversité et solidarité du mouvement révolutionnaire : quelques réflexions

Nouvelle Révolution française, socialisme à la française : en nous donnant ces objectifs nous ne cédons pas à un nationalisme étroit ou à la volonté de nous distinguer à tout prix. Notre démarche résulte d'une réflexion approfondie sur l'évolution générale du mouvement de transformation socialiste des sociétés.

Déjà, les fondateurs du marxisme — en particulier Lénine — avaient évoqué et pris en compte les conditions et les particularités nationales. Mais il faut bien convenir que le mouvement communiste a adopté pendant toute une période, pour l'essentiel, l'idée d'un modèle unique de socialisme. C'était un péché de jeunesse, comme en connaissent tous les grands courants révolutionnaires. Les circonstances historiques ont pesé lourd.

Nous avons définitivement écarté cette idée et nous avons poussé plus loin notre réflexion, en bénéficiant de l'expérience accumulée par les partis et les pays qui ont conquis le socialisme ou se sont engagés dans cette voie.

la diversité existe et grandit

Le mouvement révolutionnaire a, en effet, beaucoup grandi. Les peuples qui entreprennent ou réalisent la tâche de passer du capitalisme — et parfois de formes plus anciennes de société — au socialisme et de faire évoluer celui-ci vers le communisme, sont plus nombreux. Ils sont divers par leurs traditions, leurs mentalités, leurs façons de vivre, leurs niveaux de développement, leurs besoins.

De ce fait, leurs expériences expriment déjà une diversité, qui n'est pas suffisamment perçue, peut-être parce que nous ne la mettons pas nous-mêmes suffisamment en évidence. Pourtant, de l'Union soviétique à Cuba, de la République démocratique allemande à la Roumanie, de la Pologne au Vietnam, de la Yougoslavie à la Tchécoslovaquie, la diversité est grande : aussi bien dans les chemins de la révolution socialiste que dans les formes et les méthodes du développement de la société, dans le fonctionnement de celle-ci, dans les modes de vie.

Cette diversité grandira avec les progrès du socialisme, à mesure que s'engageront dans la construction de la société nouvelle des peuples et des pays dont la situation matérielle, l'histoire et les mœurs sont extrêmement différenciés.

pas de schéma préétabli

Disant cela, je ne me contente pas de constater une réalité à laquelle il faudrait s'adapter plus ou moins à contrecœur. La démarche des communistes français va beaucoup plus loin.

Nous luttons pour le bonheur des gens, ou plutôt pour que les gens disposent de la liberté et des moyens d'organiser leur bonheur. Or, construire le bonheur ne peut signifier pour un peuple que trouver des réponses, des solutions aux problèmes qui sont les siens, avec leurs racines, leurs caractères propres. Cela ne peut signifier que trouver des réponses à son goût, selon sa manière de faire et d'être. Nous l'avons souvent dit : on ne fait pas le bonheur d'un peuple sans lui, et moins encore contre lui.

Le socialisme ne peut être plaqué selon un schéma préétabli sur une réalité qui lui est étrangère. Il ne peut naître et se développer que comme réponse concrète aux besoins concrets de chaque peuple.

pas de voie « supranationale » au socialisme

Il y a plus. Nous pensons que la nation française constitue le meilleur cadre pour conduire au succès la lutte pour le socialisme en France.

La nation française s'est faite sur un certain territoire, par le travail, la coopération et les luttes de dizaines de générations. Dans ce creuset, les hommes ont façonné leur environnement autant qu'ils se sont façonnés eux-mêmes. Des ressources matérielles, un potentiel économique et technologique, un savoir-faire, une culture, tout cela s'est constitué avec des différenciations et une unité qui font l'originalité de la France. Je n'hésite pas à le dire, cela représente pour notre pays un acquis particulièrement riche, équilibré et harmonieux, même s'il est vrai que cet ensemble comporte des faiblesses en raison de la politique de la bourgeoisie. Eh bien, c'est en faisant fructifier cet acquis, en le développant à partir des éléments forts qui lui sont propres, qu'on peut le mieux résoudre les problèmes aujourd'hui posés à la France. Ce n'est pas en cassant les structures et la cohérence du pays, en détruisant ses atouts originaux, en le diluant dans un conglomérat fait de bric et de broc.

L'efficacité économique et sociale ne réside pas dans le nivellement des nations au sein de blocs standardisés, bureaucratisés, mais dans leur épanouissement et leur contribution à une coopération internationale fondée sur l'égalité, l'intérêt mutuel et le respect de la souveraineté.

Et puis, les Français sont à juste titre attachés à leur patrie, à leur originalité. Vouloir être soi-même, épanouir ses propres possibilités, se mesurer aux autres dans une compétition pacifique, cela n'implique aucun nationalisme, aucune animosité envers les autres nations. Il est légitime — et j'ajoute, inévitable — que les travailleuses et les travailleurs, les Français dans leur masse identifient la réalisation de leurs aspirations, de leur bien-être et de leur sécurité, avec la prospérité et la sécurité de leur pays. Ils puisent dans ce patriotisme des raisons de lutte, des motifs de rassemblement. D'autant plus qu'ils mesurent la valeur des conquêtes sociales et démocratiques arrachées par les générations qui les ont précédées, et sur lesquelles ils peuvent aujourd'hui prendre appui pour combattre le capital.

Ils peuvent aussi, dès aujourd'hui, mesurer combien il leur est difficile de faire entendre leur voix et de créer les conditions de luttes unies et victorieuses quand il leur faut s'adresser à Bruxelles ou à Luxembourg plutôt qu'à Paris.

L'expérience autant que l'analyse confirment donc que notre nation constitue le cadre le plus propice pour réaliser un rapport de forces politiques favorables à la satisfaction des besoins du peuple de France, à la transformation socialiste.

Les dirigeants du capital le savent bien. Ce n'est pas par hasard que, depuis plus de vingt ans, ils poussent notre pays sur la voie de son intégration dans un bloc ouest-européen où il perdrait son indépendance et son identité. Si leur orientation a sa logique de classe, moins compréhensible est le raisonnement de ceux qui la préconisent... au nom du socialisme.

Nous sommes pour la coopération la plus étroite de la France avec ses voisins, pour la solidarité entre les forces révolutionnaires et progressistes des pays européens. Nous agissons conformément à ces principes. Mais renoncer à la France pour faire le socialisme sous la direction des trusts multinationaux, à commencer par les konzerns allemands ? Renoncer à la France pour faire le socialisme avec Helmut Schmidt, Mme Thatcher, Francesco Cossiga et Juan Carlos ? Non, merci pour cette farce.

Que l'on ne compte pas sur nous pour entraîner notre peuple dans cette sinistre duperie ! Il n'y a pas pour nous de voie « supranationale » au socialisme. Une voie en comparaison de laquelle la célèbre « Longue Marche » ferait figure de petite promenade du soir...

Il existe aujourd'hui une revendication universelle d'indépendance et de développement national. Face aux trusts multinationaux — le plus souvent à direction américaine —, qui tentent de désagréger des nations pour établir leur domination sans entraves, cette revendication concerne notre pays. Le socialisme doit la prendre en charge.

Oui, nous aimons la France, et nous voulons pour elle un bel avenir. Nous aimons les travailleuses, les travailleurs, le peuple de France, et nous voulons pour eux, avec eux, le socialisme. Ces deux combats sont inséparables. Ils s'épaulent. Le socialisme s'épanouira à la française. La France s'épanouira dans le socialisme.

lois universelles et différences

Dans l'Antiquité, le philosophe grec Aristote notait déjà que si chacun sait ce qu'est une maison, *la* Maison, avec un grand M, n'existe nulle part. Il y a des maisons, toutes particulières, avec leur extérieur et leur intérieur. C'est seulement par un effort d'abstraction que l'on peut parler de maison en général en retenant ce qui est commun à toutes.

Souligner la diversité des socialismes concrets ne nous conduit pas, en effet, à nier l'existence de traits communs à toutes les sociétés socialistes, de « lois générales » du socialisme. Il existe des lois générales, des principes en dehors desquels on ne peut parler de socialisme. Il en est ainsi, par exemple, de l'abolition de la propriété privée des grands moyens de production, d'échange et de financement, de l'instauration du pouvoir politique de la classe ouvrière alliée aux autres travailleurs manuels et intellectuels. Mais ces lois ne sauraient être conçues comme un ensemble de dogmes préétablis et immuables. Elles ne sont pas séparables de la réalité concrète des luttes ouvrières, démocratiques, révolutionnaires. Elles peuvent évoluer, se diversifier, s'enrichir avec le développement de celles-ci. De nouvelles lois peuvent s'ajouter ou se substituer à certaines. Toute science, toute pratique scientifique évoluent ainsi.

C'est dans ce cadre que nous parlons d'une composante démocratique universelle du socialisme. C'est-à-dire d'une exigence de libération de l'homme, de démocratisation progressive de toutes les structures de la société et de tous les rapports sociaux qui concerne toutes les sociétés socialistes. Cette exigence constitue le but fondamental du socialisme et la clé de son développement. Elle prend à notre époque, et notamment en raison des progrès du socialisme, une importance nouvelle. J'ai déjà rappelé que nous avons à cet égard une divergence avec un certain nombre de partis communistes.

Mais il ne faut pas confondre divergence et différence.

Cette exigence universelle de démocratie, les traits communs du socialisme ne peuvent s'exprimer que de manière différenciée, dans une grande variété de formes et de méthodes. Il n'appartient à personne de se substituer à chaque peuple pour définir à sa place de quelle manière il doit procéder.

Dès lors, que peuvent signifier les diktats pleins de morgue de ces grands seigneurs de la politique, en particulier de la politique des salons parisiens, qui nous répètent à satiété : il n'y a ni liberté ni socialisme en Union soviétique parce qu'on n'y voit pas de parti giscardien ou social-démocrate ; à Cuba parce que n'y officient pas un Hersant ou un Perdriel de la presse ; en Yougoslavie parce que ces pauvres Serbo-Croates ne peuvent apprécier Roger Gicquel ou Patrick Poivre d'Arvor tous les soirs à 20 heures.

Il y a deux partis aux Etats-Unis. En quoi cela constitue-t-il une garantie de démocratie, puisque, une fois les majorettes électorales disparues de la scène, l'élu applique la même politique de classe que son rival de la veille ? Une mascarade pour travailleurs dupés, voilà à quoi se résume l'élection présidentielle américaine.

Il y a pluralisme des journaux en Allemagne fédérale — du moins en apparence. Mais si on excepte les publications communistes soumises à une pression féroce et qui ne doivent d'exister qu'à leur dur combat, tous ces journaux défendent les mêmes intérêts : ceux du capital. En quoi cette presse est-elle plus démocratique que la presse polonaise, hongroise, soviétique ou celle d'autres pays socialistes dont les titres divers ont en commun de prendre en charge les intérêts du plus grand nombre, c'est-à-dire du peuple travailleur ?

Allons plus au fond. Nous avons notre conception du socialisme pour la France. Et nous y tenons. Mais nous considérons que cela ne nous autorise nullement à nous ériger en donneurs de leçons universelles, comme le font ces soi-disant experts-ès-socialisme au regard borné par les œillères de leur confortable suffisance.

Les voyages que j'ai pu faire dans de nombreux pays m'ont encouragé à m'en tenir à une grande prudence de jugement, à faire preuve de compréhension pour les expériences que conduisent avec courage tous ces peuples qui construisent ou développent le socialisme sur des voies diverses, de La Havane à Varsovie, de Moscou à Alger, de Tananarive ou Maputo à Belgrade ou Berlin.

Etre révolutionnaire aujourd'hui, c'est aussi apprendre à lire avec une certaine humilité dans le grand livre du monde. Une humilité d'autant plus grande que nombre de ces peuples s'efforcent de parcourir en quelques décennies ce que nous avons mis des siècles à accomplir, dans le même temps où le colonialisme et la dépendance leur imposaient ces terribles retards qu'ils veulent partout surmonter. Pourquoi n'ouvriraient-ils pas, dans cet effort, des chemins nouveaux à la démocratie, à la vie sociale ? C'est déjà le cas, à bien des égards.

l'isolement, ce serait le suicide

Nous prenons donc aujourd'hui en compte la diversité du mouvement révolutionnaire, dans toute son ampleur, sous tous ses aspects. Pour nous et pour les autres.

Mais cela ne nous fait ni négliger ce que peut nous apporter l'expérience des autres, ni oublier la nécessaire solidarité de toutes les forces révolutionnaires et progressistes. Vouloir délibérément isoler notre combat de celui d'autres forces qui luttent dans le monde contre le capitalisme, pour le socialisme serait une grave erreur.

Qu'on le veuille ou non, la lutte des classes est mondiale. La possibilité pour nous d'aller vers le socialisme que nous voulons par la voie que nous proposons est liée à la réalité mondiale, à la modification intervenue dans le rapport des forces en faveur du socialisme. Cette modification élargit la possibilité pour notre peuple de choisir son destin dans l'indépendance et la paix, en faisant échec aux tentatives d'ingérence extérieure.

Oublier cela serait suicidaire. Voilà pourquoi nous considérons la solidarité des partis communistes, de toutes les forces révolutionnaires, comme une nécessité. C'est une dimension de la stratégie politique définie par nos 22ᵉ et 23ᵉ Congrès.

Dois-je le redire ? Cette solidarité ne peut se déployer de manière efficace que si elle prend en compte la diversité du mouvement, si elle trouve les voies et les formes nouvelles adaptées aux conditions d'aujourd'hui.

L'expérience a déjà montré que, sur ce plan non plus, les choses ne peuvent rester immobiles.

Pendant toute une période la solidarité des partis communistes s'est excercée dans le cadre de la Troisième

Internationale. Celle-ci a été dissoute en 1943, car ce cadre était devenu trop étroit pour prendre suffisamment en compte les progrès du mouvement, la diversité déjà affirmée des situations nationales et des exigences de la lutte.

En 1947 a été créé entre neuf partis communistes d'Europe un Bureau d'information dont le moins qu'on puisse dire est que toutes ses initiatives ne furent pas des réussites. Ce Bureau a cessé ses activités en 1956.

Des formes différenciées de solidarité ont alors vu le jour, en particulier les Conférences mondiales ou continentales des partis communistes. Celles-ci étaient longuement préparées — pendant des mois ou des années — et elles aboutissaient à l'adoption de documents communs détaillés. La dernière de ces conférences a été celle de Berlin en 1976.

l'eurocommunisme aujourd'hui... et demain

Au cours des dernières années s'est développé un phénomène nouveau qu'on a qualifié d'eurocommunisme. Il m'apparaît nécessaire — à la lumière des problèmes que je viens d'évoquer — de faire le point sur ce courant en me demandant quelles initiatives nouvelles il faut prendre aujourd'hui.

L'eurocommunisme est né de la convergence des démarches des partis communistes d'un certain nombre de pays capitalistes — dont le nôtre — qui ont placé le développement de la démocratie au centre des voies au socialisme qu'ils proposent pour leurs pays respectifs. Cette convergence a favorisé des contacts, des prises de position et des initiatives communes.

Nous avons d'emblée noté le caractère discutable de l'expression « eurocommunisme », car elle pouvait donner le sentiment d'une exclusivité ouest-européenne, d'une sorte de nouveau centre proposé comme modèle aux autres partis ou tourné contre eux. En disant clairement qu'il ne pouvait être question de retenir une telle conception, nous avons considéré le fait lui-même comme positif. Car il a favorisé le progrès d'idées comme le rejet de la notion de modèle ou la nécessité de nouveaux rapports entre partis communistes.

Aujourd'hui, des commentateurs annoncent à grand bruit la « mort » de l'eurocommunisme. Eh bien, non !

La précipitation de certains de ces fossoyeurs n'est pas désintéressée. Ils voudraient entraîner les partis communistes dans la voie de « l'euro-gauche ». Nous repoussons catégoriquement cette tentative. Cette soi-disant « euro-gauche » ne signifierait rien d'autre que l'enlisement des partis communistes dans un bloc ouest-européen social-démocrate collaborant avec l'impérialisme, soumis à la tutelle américaine, et opposé aux autres forces révolutionnaires mondiales. Cette tentative est tellement inacceptable et irréaliste qu'elle est vouée à l'échec.

D'autres commentateurs motivent leurs oraisons funèbres par l'existence de divergences : par exemple, entre nous et nos camarades italiens. Ou bien ils évoquent le fait que certains partis ont refusé, en avril dernier, d'assister, à Paris, à la rencontre des partis communistes européens pour la paix.

Cela relève, à mon avis, d'une vue étriquée et retardataire tant des problèmes que des besoins et des possibilités du mouvement révolutionnaire.

Des divergences ? La belle découverte ! Des divergences ont toujours existé entre communistes italiens et français, par exemple sur les problèmes de l'intégration européenne ou sur l'élargissement du Marché commun.

Nous avons toujours dit qu'il ne pouvait être question de les ignorer, mais qu'elles ne devaient pas faire obstacle à l'action commune sur toutes les questions où nous sommes d'accord.

Un simple rappel. Dès 1976, lors de cette Conférence de Berlin que je viens de mentionner, j'ai fait observer — au nom de notre parti — que ce type de rencontre, à laquelle nous étions en train de participer, ne nous semblait plus adapté. En raison de l'ampleur atteinte par le mouvement révolutionnaire, de la diversité des conditions, des besoins et parfois des points de vue, en raison du nombre des participants, la volonté de les accorder tous sur une analyse approfondie de tous les problèmes et sur une stratégie unique de lutte conduisait à une préparation interminable, à un déroulement lourd et à l'adoption de textes fourre-tout ne débouchant sur aucune initiative concrète.

Voilà pourquoi j'ai dit : mieux vaut reconnaître ouvertement et tranquillement les différences de points de vue plutôt que de chercher à les escamoter ou à les surmonter à tout prix quand les conditions n'existent pas pour le faire. J'ai dit aussi : mieux vaut trouver du même coup plus facilement des formes souples et efficaces de prises de position et d'actions communes réelles sur la base d'objectifs définis en commun.

C'est dans cet esprit qu'Edward Gierek, premier secrétaire du Parti ouvrier unifié polonais, et moi-même, nous avons pris l'initiative d'inviter les partis communistes européens à une rencontre à Paris sur un point précis : notre volonté commune de contribuer à la relance de la détente internationale, au blocage de la course aux armements et à l'adoption de mesures de désarmement, à la paix. Cette initiative a intéressé un grand nombre de partis, c'est bien. Certains n'ont pas cru devoir y venir, c'est leur affaire et ce n'est pas un drame. Il faut continuer à favoriser toutes les initiatives concrètes capables de réunir les partis communistes sur des objectifs communs conduisant à des actions communes. Nous nous y employons.

Mais je pense qu'il faut tirer une leçon plus générale.

Car il y a, je l'ai dit, des besoins nouveaux, des possibilités nouvelles.

Ainsi, j'ai souligné combien il importe de prendre en compte cette exigence universelle que constitue le développement de la démocratie dans le socialisme, étant entendu qu'il appartient à chaque parti, à chaque peuple de choisir les formes et les moyens qui lui conviennent. Cette démarche ne peut pas constituer un monopole de quelques partis, je ne sais quelle chasse gardée. Sinon elle n'aurait pas de vocation universelle. C'est si vrai que des partis de tous les continents, ceux du Japon, du Mexique et d'autres, se sont déclarés partie prenante.

Plus généralement, tout progrès de la démocratie dans le socialisme, toute avancée dans la solution des problèmes posés aux peuples par la construction de la société nouvelle nous intéresse. Je pense qu'à cet égard une riche réflexion, des initiatives nombreuses et originales se développent dans les pays socialistes. Tous les observateurs honnêtes le constatent. Certes, il y a des obstacles de différente nature. Mais il y a toutes les raisons d'avoir confiance dans la capacité d'innovation et de progrès de peuples et de partis qui ont déjà apporté tant de neuf au monde. Ils avancent et ils avanceront.

Les rapports entre partis communistes évoluent, eux aussi, dans ce sens. Je pourrais prendre de nombreux exemples. Mais puisqu'elle a fait du bruit, je m'en tiendrai à la rencontre d'une grande importance qui a eu lieu au début de cette année entre le Parti communiste français et le Parti communiste de l'Union soviétique. Nos détracteurs se sont employés à en escamoter la nouveauté : à savoir, pour la première fois de la part du P.C.U.S., la reconnaissance franche et ouverte des divergences, associée à la volonté de ne pas en faire un obstacle à l'action commune en faveur de tous les objectifs communs, action conduite dans l'égalité et le respect mutuel.

En signant avec mes camarades le communiqué commun qui a conclu cette rencontre, je ne pouvais m'empêcher de penser aux années d'efforts qui avaient été nécessaires pour y parvenir. Pendant longtemps, en effet, nos camarades soviétiques ont considéré que le soutien des pays socialistes impliquait la justification inconditionnelle de tout ce que font ces pays et de tout ce qui s'y passe. Or il y a des appréciations différentes, des divergences ; c'est naturel, et il est naturel de le constater et d'en discuter librement et sereinement. Telle est notre conception des rapports entre partis communistes et de la solidarité internationale. Eh bien, la préparation, la tenue, le contenu de la rencontre de Moscou ont apporté une contribution sérieuse à la mise en œuvre de cette conception. C'est vraiment une grande première. Quel pas en avant !

Et puis, j'y reviens, il y a cette diversité croissante dont j'ai souligné la portée. Elle concerne l'action des partis communistes. Faut-il, par exemple, considérer comme dénuées d'intérêt des expériences comme celle du Parti communiste portugais et du peuple du Portugal qui a arraché et jusqu'ici sauvegardé d'importantes conquêtes démocratiques ? Ou celle du Parti communiste grec ? Ou celles des partis d'Amérique latine ou du Proche-Orient ? Encore une fois, un peu d'humilité !

Mais au-delà même des partis communistes, n'y a-t-il pas des expériences révolutionnaires qu'il convient de prendre pleinement en compte dans notre mouvement : celle du peuple algérien conduite par le gouvernement de ce pays et le Front de libération nationale par exemple ? Celles d'autres peuples d'Afrique, d'Asie ou d'Amérique latine ?

Voilà pourquoi l'eurocommunisme me semble

aujourd'hui non pas mort, mais enserré dans un costume trop étroit qu'il convient de retailler. Il faut promouvoir un nouvel internationalisme à la dimension de tout ce qui avance dans le monde.

L'avenir, je pense, est de ce côté.

7

la france, j'y crois !

Si nous parlons de socialisme « à la française », cela ne relève pas de je ne sais quel souci de nous singulariser à tout prix ou d'une quelconque pensée cocardière. Je suis convaincu que la lutte pour les changements révolutionnaires s'identifie à la lutte nationale pour défendre l'intégrité de la France, la sortir de la crise, mettre en valeur ses possibilités et, par conséquent, lui construire un avenir digne de son passé. La France le peut, elle en a les moyens.

la france : une nation

Je me suis rendu dans toutes les régions françaises. Je peux témoigner que l'aspiration première des femmes et des hommes de notre pays est de vivre libres et heureux chez eux.

J'ai constaté également combien les Françaises et les Français ont la passion de l'histoire de France. Cela va des références historiques vivaces auxquelles on accroche dans toutes nos régions les événements vécus aujourd'hui jusqu'au succès des émissions télévisées qui restituent les grands moments et les grandes figures de notre vie nationale.

L'histoire nous donne des matériaux, des enseignements pour réfléchir sur le présent et le transformer. C'est ce que craint M. Giscard d'Estaing qui prétend que nous sommes entrés dans un « monde sans mémoire » et fait tout pour affaiblir l'enseignement de l'histoire de France à l'école.

Cette histoire, nous y tenons. Elle nous apprend que la France est l'une des plus anciennes nations de la Terre. Elle s'est constituée ici, à l'ouest du continent européen, au carrefour de grands courants humains, dans un mouvement qui a duré des siècles. Elle a peu à peu réuni dans une même communauté des Celtes dont les traditions se sont conservées en Bretagne, des Basques, des peuples d'origine latine ou ibérique, des Germains, des Normands, des Juifs venus de l'Est ou du Sud, d'autres encore.

Tout cela ne s'est pas fait sans douleur. Au Moyen Age, par exemple, le midi occitan a été vaincu et dominé par les chevaliers du Nord et s'il a finalement pris sa place dans l'unité nationale tout en conservant une personnalité caractéristique qui ne se réduit pas... à l'accent, c'est en raison du soutien enthousiaste que ses populations apportèrent à la Révolution de 1789 et à la République, prouvant ainsi que la différence pouvait favoriser l'unité. D'autres régions sont venues plus tard dans des circonstances diverses : l'Alsace, la Franche-Comté, le Roussillon, la Corse, la Savoie, le pays niçois... Ce mouvement complexe par lequel s'est constituée la nation française fonde solidement dans l'histoire notre personnalité collective.

C'est probablement ce qui donne à la France un pouvoir d'assimilation éprouvé au cours du temps. Il y a eu les rapatriés d'Algérie et ceux qui vivaient dans les colonies d'autrefois. Des millions de Français ont leurs origines dans les vagues successives d'immigrés du travail des dernières décennies. Tous concourent aujourd'hui à l'identité française. Cela se voit à Sarcelles ou Saint-Denis, aussi bien qu'à Strasbourg, Toulouse ou Grenoble. Certes, du racisme existe, et nous le combattons de toutes nos forces, mais j'estime que, dans l'ensemble, ces tendances sont très minoritaires en France. Je vois là une différence notable entre la France et certains autres pays d'Europe comme l'Allemagne fédérale ou la Grande-Bretagne.

nation et régions

Notre histoire nous montre combien nous avons intérêt non seulement à respecter les personnalités régionales, mais à les encourager. Faire de toutes ces personnalités la richesse collective de la France, c'est une manière audacieuse et moderne de concevoir l'unité nationale.

Cette conception fonde notre attitude face aux problèmes régionaux. J'en ai déjà parlé en traitant de la liberté.

Certains de ces problèmes sont particulièrement aigus. Un seul exemple : la Corse. Après avoir été conquise et annexée, la Corse est vraiment devenue française en adhérant à la Révolution de 1789. Napoléon Bonaparte en sortit. Ce choix volontaire évita à la Corse de devenir une sorte d'appendice colonial de la métropole comme l'Italie du Sud à l'égard de l'Italie du Nord. C'est justement ce passé qui rend inadmissible la politique du pouvoir giscardien contre la Corse, cette politique qui encourage la spéculation, confine l'île dans le sous-développement, la place sous le joug d'une centralisation bureaucratique, accentue brimades et répression, ignore la langue corse, la personnalité corse et l'exigence de liberté qui anime le peuple corse. C'est M. Giscard d'Estaing qui compromet l'unité nationale, et non les Corses !

Cet exemple a valeur générale : pour que l'unité française respecte les personnalités et les différences, dans les conditions de notre époque, il faut plus de liberté, plus de démocratie. Partout dans le pays !

Et pour cela, il faut lutter.

la france : une histoire de luttes

L'histoire qui a forgé la France est une succession de luttes. La conscience populaire d'appartenir à une même communauté, souvent menacée dans son intégrité territoriale, s'est renforcée au travers de guerres innombrables, même si la motivation principale de ces guerres n'avait rien à voir avec les intérêts des petites gens. Déjà avec Jeanne d'Arc, puis à la fin du règne de Louis XIV, le peuple français a su repousser la menace du démembrement. Les soldats républicains de l'An II ont sauvé la nation révolutionnaire contre la menace étrangère de contre-révolution et ils ont donné au mot « patriote » son sens français. La Commune de Paris, en 1871, fut à la fois la première expérience au monde d'un Etat ouvrier et un sursaut contre la trahison de la patrie par la bourgeoisie. Dans la Résistance, un grand nombre de

Français se sont dressés, peu à peu, refusant l'oppression, l'exploitation, l'occupation.

Les luttes nationales ont, d'ailleurs, en France plus que dans tout autre pays européen, revêtu souvent le caractère de luttes de classes franches et aiguës. La France a été le centre du féodalisme au Moyen Age, puis le type le plus classique de monarchie héréditaire, puis l'exemple le plus achevé de la domination de la bourgeoisie au XIXe siècle. Les premiers penseurs marxistes ont remarqué la netteté particulière des conflits de classes dans notre pays, notamment à l'occasion des révolutions successives et des grands mouvements sociaux qu'il a connus depuis deux siècles.

Par exemple, la Révolution française a fortement participé à l'unité contemporaine de la nation en supprimant les privilèges de droit, ceux de la naissance dont profitaient les aristocrates, ceux des corporations qui bloquaient le développement économique, ceux du roi et de la cour qui étouffaient la voix du peuple. Elle n'a pas aboli l'unité de la France ni fait régresser la civilisation. Au contraire, elle les a fait progresser en modifiant radicalement la société. Ce fut un grand pas historique.

Tout cela fait partie de la nation française, et j'avoue que j'en suis fier en tant que Français et militant révolutionnaire.

la france : des atouts sérieux

Cette histoire brillante, la France la doit aussi à une géographie exceptionnelle. Nous l'avons tous appris dès l'école primaire, mais les campagnes indécentes du pouvoir giscardien sur les prétendues faiblesses congénitales de la France voudraient nous le faire oublier.

La France ? Mais c'est, mise à part la partie européenne de l'Union soviétique, le plus vaste pays d'Europe. C'est le seul pays qui soit bordé par la mer du Nord, la Manche, l'Atlantique et la Méditerranée. On y rencontre la plupart des types de relief : des massifs montagneux de toutes les époques géologiques aux plaines les plus diverses. Globalement tempéré, le climat y présente une grande variété de nuances. L'irrigation des terres y est remarquable grâce à des fleuves et à des rivières bien alimentés. Dans cette diversité notre « hexagone » résume le continent européen.

Cette réalité physique a favorisé le rôle de la France au cours des derniers siècles. Elle lui donne aussi des atouts remarquables pour surmonter les problèmes d'aujourd'hui.

C'est une idée de bon sens que confirment les meilleures analyses économiques : pour sortir de la crise et jouer son rôle dans le monde, la France doit compter sur ses propres forces, se donner des bases nationales solides. Ses atouts sont particulièrement nombreux et importants, il reste à les mettre en valeur. Je ne cesse de le vérifier en parcourant nos régions.

La France pauvre en énergie ? Allons donc ! Dorment sous nos pieds des milliards de tonnes de charbon qu'on pourrait exploiter soit par les moyens classiques, soit par des techniques modernes que j'ai déjà évoquées, telles que la gazéification du charbon, que j'ai proposé de mettre en œuvre dans le Nord, dès octobre 1976. Je me heurtai alors au scepticisme de bon ton en haut lieu. Aujourd'hui le ministre de l'Industrie reconnaît que c'est une idée pertinente. Mais il n'engage pas les moyens nécessaires à sa réalisation, préférant recourir à la solution coûteuse de l'importation de charbons étrangers.

Même pour les hydrocarbures, la France n'est pas aussi dépourvue qu'on veut bien le dire. J'ai vu, à Lacq, ce dont nos ingénieurs et nos ouvriers sont capables. Si les énormes profits des compagnies pétrolières françaises étaient réinvestis en priorité en France, de nouvelles ressources pourraient être mises en valeur.

Et que dire de notre capacité à développer les énergies nouvelles ! La France, je l'ai rappelé, a joué longtemps un rôle de pionnier en matière d'énergie nucléaire. Elle garde, grâce à E.D.F., à Gaz de France et au C.E.A., des capacités qui figurent parmi les premières du monde dans les technologies les plus avancées telles que les surrégénérateurs. Ses ressources en minerai d'uranium sont les plus importantes d'Europe. Mais pour tirer tout le bénéfice de ce potentiel et de ce savoir-faire national il faut se délivrer des contraintes imposées par les Etats-Unis et reprendre la maîtrise nationale de ce secteur vital.

J'ajoute qu'il reste des sites hydro-électriques à équiper, qu'une énergie marémotrice colossale déferle quotidiennement sur nos côtes sans être captée et que des percées technologiques intéressantes peuvent être faites — si on dégage les moyens nécessaires — dans de multiples autres directions.

Pour prendre la mesure de toutes nos richesses naturelles il faut considérer les choses dans leur ensemble et voir loin. Les progrès scientifiques vont si vite qu'on ne peut considérer qu'il existe en France des stocks d'énergie et de minerais donnés une fois pour toutes. Les activités économiques sont si imbriquées que ce n'est pas la rentabilité financière isolée de tel ou tel investissement qu'il faut regarder, mais l'efficacité pour la société de tous les travaux engagés dans chaque branche, dans chaque région, et surtout au niveau national.

Avec cette manière de voir, le minerai de fer de Lorraine est rentable, d'autres ressources minérales sont exploitables. Et, en même temps, on peut tenir compte de la préservation du cadre de vie et des équilibres écologiques.

La démonstration n'est pas moins évidente dans d'autres domaines. Par exemple, pourquoi avons-nous à la fois la première forêt d'Europe et un lourd déficit du commerce extérieur pour les produits du bois ? C'est l'effet d'une mauvaise politique. De même, comment admettre que, possédant le troisième domaine maritime du monde, nous achetions à l'étranger plus de poisson, et plus cher au kilo, que nous lui en vendons ? Voilà bien une politique d'abandon national.

Les gouvernants actuels bavardent volontiers sur le « pétrole vert ». Mais comment a-t-on pu arriver à cette situation aberrante où, chacun s'accordant à reconnaître nos atouts extraordinaires en matière d'agriculture, nous dépendons en partie de l'étranger pour nos approvisionnements ? 19 milliards de francs de déficit en produits agricoles depuis que M. Giscard d'Estaing est président de la République ! Et cela alors que nous finançons lourdement la politique agricole du Marché commun : 17 milliards de transferts pour la seule année 1979... Cette situation résulte de l'abandon aux instances « européennes » de Bruxelles des intérêts des agriculteurs et des consommateurs français. Il faut, au contraire, jouer à fond cette bonne carte que représente l'agriculture française, à la fois pour répondre aux besoins des Français en produits agro-alimentaires et pour concourir à la solution des grands problèmes agricoles et alimentaires du monde.

Dans tous ces domaines nous avons les moyens d'une politique authentiquement nationale.

Mais le plus grand gâchis que j'observe en France, c'est celui des hommes. On le sait bien à l'étranger : notre pays recèle une main-d'œuvre abondante, dont la qualification moyenne figure sans doute aux tout premiers rangs dans le monde. Cette constatation concerne aussi bien le travail des ouvriers, dont les traditions de sérieux et d'efficacité sont notoires, que celui des techniciens, des ingénieurs et cadres, des artisans. La réputation de nos universités, de nos grandes écoles, de notre administration n'est plus à faire. Par exemple, les mathématiciens français figurent parmi les meilleurs. Nos cultivateurs, éleveurs, viticulteurs allient une expérience millénaire aux innovations. Mais que font de tous ces trésors les capitalistes ? Qu'en fait M. Giscard d'Estaing ? Ils stérilisent en permanence par le chômage près de 10 % de la population active. Ils lésinent sur la formation initiale et continue. Ils compriment les crédits de recherche. Ils s'attaquent au système de santé et de Sécurité sociale. Bref, ils diminuent la France. Ils ont programmé son déclin.

produire français

C'est une illusion de croire qu'on peut parvenir à une grande industrie française en la spécialisant à outrance sur un nombre limité de « créneaux ». Comment, par exemple, prétendre à la maîtrise de la fabrication de certains articles textiles ou mécaniques si nous devons importer d'Allemagne fédérale les machines qui permettent de les fabriquer ? Comment envisager de prendre une place importante dans les échanges internationaux de matériels électroniques si nous sommes asservis à la technologie américaine ? Il faut donc reconstituer l'industrie française sur des bases nationales en accordant son développement à l'expansion du marché intérieur des biens de consommation, des biens intermédiaires et des biens d'équipement.

Cette politique est indispensable pour lever la contrainte extérieure réelle qui pèse sur l'économie française. Je veux parler de l'état de dépendance dans lequel nous place une politique giscardienne qui tient en quelques mots : le « tout à l'exportation », les investissements étrangers en France, l'américanisation de notre technologie, l'intégration européenne et atlantique.

Ce que je propose ne veut pas dire que la France doive produire sur son territoire national tout ce dont les Français et notre économie ont besoin. Mais aujourd'hui, du fait de notre assujettissement à l'étranger, toute relance du marché intérieur tend à provoquer un afflux d'importations de biens de consommation et surtout de biens d'équipement. C'est inacceptable. Il faut donc renforcer les capacités de production dans les secteurs où nous sommes le plus vulnérables pour pouvoir diminuer les importations.

Mais, au-delà de ces préoccupations tenant à la dépendance de la France à l'égard de l'étranger, le développement des capacités de production françaises répond avant tout à la nécessité de satisfaire les besoins de notre population et de notre pays. Si on fait des comparaisons internationales de consommation par tête, on s'aperçoit que les Français ne sont pas de gros consommateurs pour la plupart des biens. De même, notre appareil productif national n'est pas — et de loin — l'un des plus gros consommateurs de ciment, d'engrais, de plastique, d'acier, etc. Rien ne justifie donc le freinage actuel des investissements privés, et à plus forte raison la casse à laquelle se livrent les capitalistes français. Quant aux besoins dans le bâtiment et les travaux publics, la pénurie de logements sociaux, d'équipements collectifs et d'infrastructures de toute nature dit assez que la production française est bien loin du compte.

Il faut donc prendre en compte l'ensemble des demandes qui résultent du redressement de productions trop dépendantes de l'étranger et de productions inférieures au niveau des besoins du pays : c'est la base principale d'une politique industrielle dynamique et authentiquement nationale.

Cela signifie-t-il l'autarcie ? Absolument pas. Nous

ne fixons à l'avance aucune limite à nos échanges extérieurs, dès lors que les conditions d'un développement des bases productives situées sur le territoire français constituent un ensemble cohérent, solide et efficace. Je pense même que c'est la meilleure façon de se donner les moyens d'une coopération extérieure diversifiée. Pour jouer un rôle, il faut « faire le poids ». Cela n'est pas contradictoire avec la nécessité de défendre les productions nationales, en recourant, s'il le faut, à des mesures de sauvegarde.

Produire français, c'est cela !

renforcer nos capacités de production

Toutes les grandes branches doivent être développées en France et leur essor doit être coordonné en accordant une attention particulière aux filières majeures de l'agro-alimentaire et de l'exploitation des ressources naturelles (bois, mer, minéraux), de l'énergie, de la métallurgie et des biens d'équipement, de l'électromécanique et de l'électronique, de l'aérospatiale, de la chimie, des véhicules et des transports, du bâtiment et des travaux publics.

Ce développement national cohérent ne peut être réalisé à l'initiative des capitalistes. Une politique industrielle ne peut être mise en œuvre sans ces réformes de structures dont j'ai parlé dans un précédent chapitre : les nationalisations et la planification démocratique.

J'ai parlé, par exemple, de nationaliser la sidérurgie. La France a besoin d'une puissante industrie sidérurgique diversifiée sur une large gamme de produits, exploitant en priorité le minerai de fer et le charbon à coke nationaux et débouchant sur des activités métallurgiques de transformation. Pour parvenir à la maîtrise nationale d'ensemble de ces travaux associés, à l'évidence il faut réaliser une véritable nationalisation du secteur.

De même, l'indépendance nationale implique la maîtrise des principales industries de pointe. La France a déjà de bonnes positions dans le nucléaire, l'aérospatiale et certains secteurs de l'électronique. Ainsi est-elle bien placée en matière de télécommunications et dans de multiples activités de l'informatique, ce qui représente des points forts dans un monde où vont se poser de plus en plus des problèmes de communication, de liaison, d'automation. Mais c'est une illusion de penser que la nation pourra en tirer parti sans rompre avec la domination américaine, sans se donner les moyens d'imposer l'intérêt national contre les intérêts particuliers.

Le rôle du secteur public est donc appelé à croître. Dès aujourd'hui, ce sont les entreprises publiques qui empêchent la conjoncture économique de s'effondrer et l'appareil productif de trop vieillir en assurant l'essentiel de la croissance des investissements. Elles assument également des fonctions déterminantes aussi bien dans les échanges extérieurs que dans l'effort de recherche et de développement. Le secteur public est l'outil décisif des transformations structurelles nécessaires. Son élargissement par de nouvelles nationalisations et sa démocratisation sont donc à l'ordre du jour.

D'autres moyens doivent être mis en œuvre pour renforcer les capacités de production en France. Il s'agit, en particulier, des marchés publics dont les modalités sont, aujourd'hui, soumises à un petit nombre de fournisseurs capitalistes. L'ensemble du système d'aides doit être redéployé pour mieux servir les objectifs nationaux d'emploi, de modernisation, d'innovation, de coopération internationale, de développement régional.

Produire français, c'est aussi cela !

aménagement du territoire et p.m.e.

Une France solide sur ses pieds suppose un développement équilibré des régions. Seule une action volontaire d'aménagement du territoire peut faire obstacle aux injustices et aux gâchis régionaux accompagnant la recherche du profit de quelques sociétés industrielles et financières multinationales.

Cette conception de l'aménagement du territoire permettra de préserver les multiples activités des petites et moyennes entreprises, de l'artisanat, du petit commerce qui constituent une très grande partie du tissu économique de notre pays. Ces activités assurent de génération en génération la transmission d'un précieux savoir-faire. Leur champ d'action essentiellement local contribue à stabiliser la vie économique communale ou régionale et crée les conditions pour vivre et travailler au pays. Il n'est pas vrai que, face aux difficultés, elles ne puissent avoir comme issue que de se soumettre aux grandes entreprises et aux banques ou de disparaître par asphyxie.

L'intérêt des P.M.E. au changement démocratique, c'est cela. Comprenons-nous bien. Dans beaucoup de ces entreprises, en effet, les travailleuses et les travailleurs sont durement exploités. Déjà insuffisantes, les lois sociales y sont violées. La dignité, l'indépendance des salariés y sont ouvertement mises en cause. Certains de leurs patrons servent de mercenaires au C.N.P.F. contre le droit de grève, les libertés syndicales, les avantages acquis. Je le dis tout net, parce que je l'ai constaté dans plusieurs régions de France : il existe des P.M.E. — et pas toujours parmi les plus anciennes — qui sont des bagnes ouvriers, comme au XIXe siècle.

Bien souvent, dans ces petites unités de production,

le syndicat n'existe pas ou vivote, le Parti communiste n'est pas organisé. Tout change, d'ailleurs, dès qu'apparaît la section C.G.T. D'où la croisade enragée de certains petits patrons contre le syndicalisme.

Six millions de salariés, femmes et hommes, sont ainsi surexploités dans des P.M.E. Je suis à leurs côtés. Les P.M.E. doivent vivre, c'est nécessaire pour notre économie. Mais il est inadmissible qu'elles vivent sur la misère de leurs salariés.

développer la recherche

Sans chauvinisme, il n'est pas exagéré de dire que la France a, au cours des siècles, joué un grand rôle dans les avancées de la civilisation.

Des personnalités ont exprimé dans tous les domaines de l'esprit la vivacité de la nation française, qu'il s'agisse des sciences, des lettres ou des arts. C'est tout cela que met en cause aujourd'hui la politique giscardienne de déclin. Il faut renverser la tendance.

Nous voulons produire français. Il faut donc porter un coup d'arrêt à la dégradation continue qui affecte la capacité inventive de la France. Nous importons de plus en plus de matière grise, sans que nos exportations dans ce domaine suivent la même évolution. Dans l'ensemble des brevets déposés chaque année en France la part des brevets d'origine française décroît sans cesse. Les effectifs et les moyens de recherche deviennent dramatiquement insuffisants. Par voie de conséquence, nous prenons du retard non seulement sur les Etats-Unis, mais aussi sur d'autres pays capitalistes. Et notre développement scientifique et technologique est de plus en plus captif, en particulier à l'égard des Américains.

Là encore, loin de moi l'idée de prôner le repli sur

l'hexagone ! L'activité scientifique appelle, plus que toute autre, la plus large coopération internationale. Mais il ne sert à rien de se lamenter sur la recherche française, il faut se battre.

C'est pourquoi il faut donner beaucoup plus de moyens humains et matériels à la recherche en France. Il faut s'opposer à l'entreprise de démantèlement actuellement engagée. S'il est vrai qu'on doive s'attacher à bien articuler la recherche et l'industrie, la politique de recherche ne saurait toutefois se réduire à ce que M. Giscard d'Estaing appelle le « pilotage par l'aval », lequel n'est qu'un pilotage... par les sociétés multinationales.

La France dispose, là aussi, de bons atouts, provenant de ses équipes de chercheurs, d'ingénieurs et de techniciens de haut niveau.

Il ne me revient pas de dire, cela va de soi, quels devraient être les axes précis de la recherche scientifique en France. Mais je considère que, si tout pays peut légitimement se donner comme objectif d'accéder aux technologies les plus avancées, cela vaut à plus forte raison pour un pays comme la France qui s'honore d'une très ancienne culture scientifique et dispose encore d'un bon potentiel.

Ce développement scientifique doit se faire, à mon avis, sur des bases nouvelles qui tiennent compte à la fois de la poussée des connaissances et des aspirations au progrès social et à la démocratie. C'est pourquoi je considère, par exemple, qu'il faut aller bien au-delà de la semi-automatisation qui a produit la chaîne, le travail déqualifié et davantage d'exploitation, pour mettre en œuvre l'automation partout où c'est possible, et d'abord là où les conditions de travail sont les plus dures.

Qu'une telle démarche soit contraire aux impératifs capitalistes, j'en conviens, mais c'est bien là le problème dont nous parlions au début de ce livre : celui de l'usage de la science, soit en faveur du capital et de l'exploitation, soit pour le bien-être des travailleurs et l'intérêt de la nation. Tout progrès dans ce domaine est un progrès de la classe ouvrière vers un nouveau type de croissance. Cela va de pair également avec la lutte pour des droits nouveaux, une meilleure information, l'autogestion.

le combat pour la culture

Développer les capacités intellectuelles de la France, c'est aussi mener le combat pour la culture.

Aujourd'hui, le principal ennemi de la culture, c'est l'inégalité sociale qui fait d'elle un privilège de classe. Seule une minorité de gens dispose de l'argent, du temps, du repos, de la formation qui permettent d'aller au théâtre ou au concert, de fréquenter les expositions et les festivals, d'acheter et de lire des livres, sans parler des vidéocassettes, des vidéodisques et autres merveilles qui pointent à l'horizon, alors que six Français sur dix n'ont pas encore la télévision en couleurs.

La classe ouvrière et la paysannerie, qui produisent l'essentiel des richesses vitales, sont frustrées de ce que le génie humain crée de plus beau. C'est une injustice fondamentale. Et c'est un péril pour l'essor de la culture, car cette immense frustration la prive d'un immense public et de toutes les capacités et valeurs qu'il recèle.

Aussi la lutte pour la culture est-elle indissociable de la lutte pour une meilleure vie et un meilleur travail, de la lutte pour une école qui éveille très tôt chez l'enfant le désir de connaître et de créer, et en général de la lutte pour une société plus juste. L'accès du peuple à la culture passe par la suppression de la domination de l'argent. Quel merveilleux moyen de culture pourrait, par exemple, devenir une télévision libre ! Cela suppose un combat pour la maîtrise par la nation des industries culturelles.

Cette maîtrise permettra en même temps de repousser l'agression que ces industries développent contre notre culture nationale en promouvant des produits ou des sous-produits standardisés d'origine le plus souvent américaine. « Produire français », cela vaut aussi pour la culture !

Une autre idée me tient à cœur : c'est le caractère nécessairement pluraliste de la culture. En ce domaine plus qu'en tout autre la différence est richesse. Cela ne veut pas dire, à mon sens, qu'on doive rester insensible aux relations des diverses expressions culturelles avec le monde des idées, la vie sociale, et même la politique. La culture se nourrit pour une bonne part, je pense, de contradictions, et même de conflits. Sinon, d'où viendrait le nouveau ? Les créateurs qu'il m'a été donné de rencontrer m'ont souvent paru animés d'un souffle combatif. Mais les rapports entre création et idées, création et société, création et politique sont subtils, complexes et, pour une part, mal élucidés. C'est ce qui a conduit, il y a près de quinze ans, à Argenteuil, le Comité central du Parti communiste français à se prononcer pour la liberté de création et pour son complément, la liberté de critique. Je ne vois rien qui puisse nous conduire à modifier cette prise de position.

J'ai déjà évoqué le nom d'Aragon. Ces vers d'un poème qu'il écrivit au plus fort de la lutte patriotique contre les occupants nazis, en 1943, restent dans ma mémoire :

« *Patrie également à la colombe ou l'aigle*
De l'audace et du chant doublement habitée
Je vous salue ma France où les blés et les seigles
Mûrissent au soleil de la diversité. »

8

édifier un monde nouveau

Le monde va de l'avant, je l'ai montré.

Et nous sommes avec ce qui avance. Cela nous rend particulièrement attentifs aux questions internationales.

J'aborde un chapitre où les problèmes traités sont complexes et comportent des aspects politiques, économiques, militaires dont un responsable ne peut esquiver les difficultés, les complications, les nuances. Je me vois donc, ici, obligé de demander à la lectrice ou au lecteur de bien vouloir faire l'effort nécessaire pour me suivre dans l'examen de ces questions capitales.

Mais auparavant je tiens à faire une remarque générale dont chacune et chacun comprendront, j'en suis sûr, la portée et la gravité. Il s'agit de la paix ou de la guerre. Cette question domine aujourd'hui les autres. Elle ne peut laisser aucun peuple indifférent, et le peuple français moins que tout autre. Elle me tient à cœur. Si j'ose dire, viscéralement.

Car la paix est le premier droit de l'homme. Le Parti

communiste français est attaché à la paix, à la détente, au désarmement par toutes ses racines et toutes ses fibres. En 1920, il s'est créé en grande partie parce que le vieux Parti socialiste avait été, en France comme en Allemagne, incapable de tenir ses engagements contre la guerre, parce qu'il avait pris une part de responsabilité dans la tuerie des tranchées. Le souffle qui anima les fondateurs de notre parti, c'était, pour une large part, celui des hommes qui revenaient du front et des usines de guerre, celui qui avait inspiré, en 1917, *le Feu* d'Henri Barbusse. Cet attachement à la paix ne s'est jamais démenti. Ce que veulent les communistes, l'idéal pour lequel ils se battent, c'est un monde sans armes et sans guerre. Telle est encore aujourd'hui l'une des principales raisons pour lesquelles des milliers de filles et de garçons s'engagent dans le combat révolutionnaire de la jeunesse communiste.

Naturellement — et toute notre histoire en apporte la preuve — ce combat n'est pas séparable de la lutte pour l'indépendance nationale et, en conséquence, dans le monde tel qu'il est, aussi longtemps que ce sera nécessaire, de la lutte pour une défense nationale efficace. Mais, je le redis, nous voulons la paix, la coexistence, l'arrêt de la course aux armements, le désarmement. Et nous voulons cela dans la justice entre les peuples. A la mesure des objectifs que nous proposons à notre peuple et de l'idée que nous avons du rôle à venir de la France dans le monde, nous accordons à cette question une importance majeure.

Faisons donc, voulez-vous, l'effort d'en étudier ensemble les principaux aspects.

détente et désarmement

La lutte pour la paix est devenue, aujourd'hui, une nécessité impérieuse pour la simple raison que l'enjeu est la survie de toute l'humanité. Interdire à l'impérialisme le recours à la guerre, assurer la transformation du monde vers le socialisme dans la paix et par le libre choix de chaque peuple, cela devient l'objectif suprême de la lutte des classes au niveau mondial.

Notre optimisme sur le sens général de l'évolution du monde n'est pas un optimisme béat. Si la guerre n'est pas fatale, la paix ne l'est pas non plus. Outre les conflits localisés qu'entretient l'impérialisme ici ou là dans le monde, le risque de guerre mondiale persistera tant que se poursuivra la course aux armements. Risque d'autant plus grand que la capacité de destruction des armes modernes a considérablement augmenté et que la décision de leur mise en action est concentrée entre les mains d'un petit nombre de personnes et doit être prise dans un laps de temps de plus en plus court.

Il ne convient donc pas de dramatiser le risque de guerre pour mieux justifier la relance de la course aux armements. Cette escalade est une chose horrible. Elle engloutit une part importante des richesses créées par les hommes ; elle pervertit la recherche scientifique et technique ; elle est source de profits colossaux pour les marchands de bombes et de fusées ; et surtout elle fait peser sur l'humanité un risque permanent de destruction et de mort à un niveau jamais atteint dans l'histoire puisqu'il concerne toute la planète.

Il faut s'engager dans une politique de détente et de désarmement. Qui n'agit pas résolument dans ce sens prépare la guerre.

Le Parti communiste français a multiplié les propositions à ce sujet. Je me suis adressé en son nom au président de la République en plusieurs occasions. Nous avons appelé l'ensemble des partis de gauche et des forces démocratiques à agir contre le surarmement de l'Europe qui fait courir un danger mortel à cette région du monde. Nous faisons tout pour que se développe sur ces questions le plus large rassemblement des Français et pour que la France soit à l'initiative d'actions et de propositions audacieuses dans des conditions compatibles avec une défense nationale autonome.

défense nationale

Cette défense demeure indispensable, c'est un attribut essentiel de l'indépendance nationale. Pour nous, elle se fonde sur le souci de mettre notre pays à l'abri de toute menace militaire et de garantir sa sécurité, de réaliser l'union de la nation et de son armée.

La politique militaire de la France doit exclure, selon nous, aussi bien toute intégration dans un quelconque bloc militaire que toute stratégie d'agression vis-à-vis d'un autre pays. Elle doit avoir pour seul but de décourager à l'avance toute pression inadmissible ou toute agression armée contre notre pays. C'est pourquoi une force de dissuasion nucléaire convenablement maintenue en état est indispensable à la France. L'unique justification de ce choix, je le souligne, c'est d'empêcher la guerre. Tel est le sens du mot dissuasion.

La politique militaire de la France doit être en permanence maîtrisée. Ce qui doit conduire à l'adoption d'un ensemble de dispositions législatives concernant la production et l'utilisation des armes dans le cadre des dispositions constitutionnelles existantes. C'est nécessaire pour assurer à nos armes la plus grande efficacité en empêchant toute déviation de caractère personnel dans leur mise en action.

La politique militaire de la France doit être démocratique. Cela entraîne notre opposition à tout type d'armée de métier. S'il est nécessaire que notre armée dispose d'un important noyau de cadres et de spécialistes professionnels liés par contrat à l'Etat, la base du recrutement doit être la conscription.

L'effort de défense, suffisant mais équilibré, doit être affranchi de la domination des grands fournisseurs actuels, c'est-à-dire pour l'essentiel de sociétés capitalistes qu'il faut nationaliser compte tenu de leur fonction nationale éminente. Des règles strictes doivent être édictées en matière d'exportation d'armements.

Cette politique de défense nationale, claire dans ses orientations et ses dispositions générales, est incompatible avec la stratégie giscardienne tendant à l'aggravation de la course aux armements — stratégie que soutient le Parti socialiste. Elle s'oppose, en effet, à l'implantation de centaines de nouvelles fusées nucléaires américaines en Europe. Elle refuse la bombe à neutrons, arme offensive, conçue tout spécialement pour permettre une utilisation flexible des armes nucléaires à l'extérieur du territoire en cas de conflit déjà déclaré dans lequel l'armée française se trouverait entraînée aux côtés des autres pays de l'OTAN.

propositions concrètes

Cela dit, conscients que 80 % du total des dépenses militaires sont réalisés par les signataires de l'Acte final d'Helsinki et que c'est sur le continent européen qu'est amassé l'essentiel des armes existant dans le monde, nous considérons que la France, ainsi que tous les pays européens, ont le plus grand intérêt au désarmement, à la fois pour des raisons financières et pour des raisons de sécurité.

Face aux campagnes orchestrées pour créer une psychose de guerre et favoriser l'escalade de la fabrication des armes ; en réponse aux projets périodiquement relancés de constitution d'une défense européenne de caractère supranational, la France doit affirmer sa volonté de participer activement à toutes les négociations pour le désarmement afin de renverser la tendance actuelle. Elle peut et doit le faire dans toutes les conférences internationales sur la question : à Genève, à Vienne, en préparant la tenue de la conférence de Madrid sur la sécurité et la coopération européenne, en donnant toute leur portée aux dispositions de l'Acte final d'Helsinki et en exigeant l'application pratique des décisions de la session spéciale de l'ONU pour le désarmement. C'est dans le même esprit que de nombreux partis communistes et ouvriers se sont prononcés à Paris, le 29 avril dernier, en faveur de la tenue d'une conférence européenne pour la détente militaire et le désarmement sur notre continent.

C'est aussi pourquoi nous soutenons toute mesure, même minime et quelle qu'en soit l'origine, qui irait dans le sens du désarmement et de la paix. A cet égard, l'Union soviétique et les pays socialistes ont récemment pris l'initiative de nombreuses propositions de paix constructives et concrètes que nous approuvons. C'est le cas de la lutte menée pour l'adoption des accords soviéto-américains Salt II que Carter refuse de signer ; de la décision unilatérale annoncée par Leonid Brejnev à Berlin à l'automne 1979 de retirer mille chars et vingt mille hommes d'Europe centrale. Puis, les pays du traité de Varsovie ont fait plusieurs propositions, dont celle d'une réunion de tous les chefs d'Etat du monde pour réduire les tensions internationales et arrêter la course aux armements. Toutes ces propositions témoignent de la volonté de paix de l'Union soviétique et des pays socialistes.

Pour le Parti communiste français les choses sont donc claires. Toute argutie tendant à justifier l'équilibre de la menace et de la terreur n'est qu'un pas de plus vers la guerre, quelles que soient les précautions de langage ou de présentation auxquelles on a recours. Pour tous les peuples épris de paix il n'y a aujourd'hui qu'un choix possible : reprendre le chemin de la détente. Certes, dans un monde complexe et en mouvement, ce n'est pas une voie aisée, mais c'est le seul moyen d'aller dans le bon sens.

égalité des nations

La lutte pour la paix et le désarmement est intimement liée à la lutte pour dépasser les blocs et pour travailler à la construction d'un monde de nations égales coopérant entre elles.

A cet égard il n'est peut-être pas inutile de rappeler que ce sont les dirigeants des pays capitalistes qui, au lendemain de la Seconde Guerre mondiale, ont été à l'origine des blocs et de la guerre froide. C'est la doctrine Truman de refoulement du communisme, c'est le discours de Churchill à Fulton qui ont brisé l'alliance antinazie, entraîné la guerre froide et la création du Pacte atlantique en 1949. C'est le plan Marshall, dont l'Allemagne fédérale devait profiter à titre principal, qui a donné le signal d'un regroupement centralisé des forces du camp socialiste. Et les Français n'oublieront pas qu'en la circonstance c'est le Parti socialiste qui s'est fait en France le militant actif et zélé du parti américain.

Mais, entre 1947 et 1980, la terre a tourné. Une centaine de nouvelles nations se sont créées sur les ruines des empires coloniaux, et il ne saurait être question aujourd'hui qu'un pays, quelle que soit sa puissance, dicte sa loi aux autres. J'ai dit que nous n'acceptions pas cette voie pour la France, mais nous donnons à notre position une portée générale. Comme nous l'avons affirmé à notre 23e Congrès : « La nation est l'ensemble collectif de base des relations internationales. Chaque nation, quelle que soit sa taille, doit être en mesure de participer activement à la solution des problèmes internationaux et de pouvoir attendre, le cas échéant et sur sa demande, de la collectivité internationale l'expression d'une solidarité effective. »

Cela implique la dissolution simultanée des blocs existants. Et c'est nécessaire pour que s'établisse, dans la paix entre les nations, une large coopération bénéfique à tous les participants et fondant, dans le respect mutuel des intérêts réciproques, une indépendance nationale qui tourne le dos à l'autarcie, au repli sur soi.

Cette position qui est la nôtre en faveur de la coexistence pacifique de nations souveraines ne signifie en aucune façon un freinage des luttes de classe dans chaque pays et au niveau mondial. Au contraire, la coexistence pacifique suppose une extension, un renforcement de la lutte de toutes les forces de progrès pour accentuer l'avantage qu'elles ont pris au cours des dernières décennies sur les tenants du vieux monde exploiteur et belliqueux et pour lui imposer dans la paix de nouveaux reculs.

Mais il ne convient pas de transposer au niveau des relations entre Etats cette conception des luttes de classes nécessaires dans tous les domaines. C'est à notre avis dans le cadre de l'ONU, avec toute la patience nécessaire et par la négociation, que les désaccords entre Etats doivent être analysés, discutés et progressivement résolus. Nous récusons la guerre comme solution aux contradictions inévitables qui existent entre les Etats.

vers un nouvel ordre mondial

Dans la grande transformation du monde en cette fin du deuxième millénaire, de graves problèmes existent qui affectent des centaines de millions d'êtres humains. La solution de ces problèmes doit contribuer à la consolidation de la paix et renforcer l'amitié entre les peuples. Réciproquement, s'il n'y a pas la paix dans le monde, ces problèmes ne pourront trouver de solution. Le combat pour le désarmement et la paix et le combat pour supprimer la misère du monde ne font donc qu'un, ce qui souligne la nécessité d'avancer vers un nouvel ordre mondial pour lequel le Parti communiste français a fait de nombreuses propositions et déployé une intense activité. Je crois qu'on peut distinguer trois orientations majeures permettant d'agir pour répondre aux problèmes immédiats les plus préoccupants, favoriser dès maintenant l'introduction de nouveaux types de développement et engager la démocratisation progressive des relations et des institutions internationales.

un nouvel ordre : solidarité internationale

En premier lieu, il faut répondre aux problèmes mondiaux les plus graves par un effort colossal de solidarité internationale.

Le premier de ces problèmes, c'est celui de la faim. Les statistiques nous disent — je les ai déjà citées — que cinq cents millions d'hommes souffrent en permanence de la faim, que chaque année cinquante millions en meurent, dont quinze millions d'enfants. Je *savais* cela quand je suis allé en Afrique, en Asie, en Amérique latine, mais c'est autre chose de *voir* autour de soi des enfants dont on sait qu'ils n'ont plus qu'une semaine, un mois, une année à vivre, et qui vous interrogent du regard. Ces voyages m'ont profondément marqué. Je ne pense pas qu'un homme ou une femme qui a connu cette expérience, quelles que soient ses croyances ou ses convictions, puisse l'oublier de toute sa vie. C'est insupportable.

Et puis, il y a la maladie, les épidémies qui, comme chez nous au Moyen Age, déciment des milliers de personnes en quelques jours, alors que la médecine a fait tant de progrès. Des maux de toute sorte frappent des corps affaiblis, les minent, les déforment, les mutilent, les dégradent jusqu'à en faire des choses à peine animées, tout juste humaines.

Tout cela sur un fond d'immense pauvreté : huit cents millions de pauvres absolus, nous disent encore les statistiques — c'est-à-dire un homme sur cinq — qui n'ont pas les moyens du minimum de dignité humaine, pour qui l'espérance de vie n'atteint pas la moitié de la nôtre et la mortalité infantile est extrême.

La pauvreté est, certes, une notion relative, fonction du niveau de développement de la société dans laquelle elle s'exprime. Mais je les ai vus, ceux qu'on appelle les pauvres absolus, ces êtres humains qui sont en dessous de ce qui est absolument nécessaire pour survivre et dont la brève existence se résume dans l'attente de la mort. Il faut tout faire pour que cela cesse le plus tôt possible. Tout faire.

D'autant plus que les causes sont aussi évidentes que leurs dramatiques conséquences. Il n'y a pas trop d'êtres humains sur terre. Il n'y a pas pénurie de ressources. Il n'y a pas carence de moyens pour faire disparaître dans de courts délais les manifestations les plus graves de la misère du monde. Si les inégalités sont plus grandes qu'elles n'ont jamais été, cela est dû aux rapports de domination, de violence qui ont accompagné le développement du système capitaliste depuis deux siècles, hier dans le cadre du colonialisme, aujourd'hui au sein du néo-colonialisme et grâce à des moyens toujours plus étudiés d'oppression.

On voit toute l'importance des avancées qui pourraient être réalisées dans la voie du progrès social quand on sait que chaque année les dépenses d'armement dans le monde sont d'un ordre de grandeur voisin du total des dépenses consacrées à l'éducation et à la santé. C'est ce qui fonde la proposition que j'ai faite à Mexico, le 16 mai 1978, de constituer un fonds spécial destiné aux pays en développement et financé par une réduction des budgets militaires.

J'ai bien conscience que la solution fondamentale des problèmes les plus aigus passe par le développement économique des pays les plus pauvres qui regroupent environ le tiers de la population mondiale. Mais ne négligeons pas pour autant les mesures d'aide qui pourraient entraîner un soulagement immédiat des misères les plus affreuses. Le Parti communiste s'est, d'ailleurs, associé en maintes circonstances — en dernier lieu en faveur du Cambodge — à des actions de cette nature.

Je considère que ce devoir de solidarité internationale s'adresse à tous les pays développés sans exception, étant bien entendu qu'on ne saurait en appeler de la même façon, d'une part aux pays qui ont pillé leurs colonies pendant des décennies, et d'autre part à ceux qui ont ouvert la voie de la libération humaine en combattant l'impérialisme et en faisant passer le socialisme de l'utopie à la réalité.

un nouvel ordre : nouvelle division internationale du travail

On doit aller plus loin — et c'est la seconde grande orientation que je propose : il faut instaurer entre les nations une nouvelle division internationale du travail.

Cela passe par une lutte acharnée contre les firmes multinationales et contre les Etats capitalistes qui les soutiennent. Ce qui devrait entraîner des mesures de coordination de toutes les forces de libération sur certains objectifs particuliers et le développement de solidarités de classe sur des bases anti-impérialistes.

C'est une évidence : pour que les pauvres soient moins pauvres, il faut qu'ils puissent acheter davantage.

L'une des mesures les plus immédiates consiste à garantir les revenus qu'ils tirent de leurs ressources naturelles, qui correspondent — du moins pour certains d'entre eux — à l'essentiel de leur pouvoir d'achat.

Pour cela, il faut que soit d'abord reconnu à chaque pays le droit de disposer souverainement de ses ressources naturelles. Mais cela ne suffit pas. Les pays producteurs doivent pouvoir compter sur des prix stables et normalement rémunérateurs. C'est ce qui a conduit la Conférence des Nations unies pour le commerce et le développement (CNUCED) à la définition d'un programme intégré pour les produits de base. Je considère que ce programme pourrait constituer le cadre normal d'une négociation de tous les pays sur le sujet et que la France pourrait y prendre des initiatives intéressantes. J'ai déjà indiqué, en octobre 1979, en rencontrant les représentants des pays A.C.P. (Afrique, Caraïbes, Pacifique) lors de la négociation de l'accord A.C.P.-C.E.E. (dit Lomé II), qu'à mon avis le gouvernement français devrait rapidement annoncer des contributions à ce programme qui soient significatives de sa volonté d'aboutir à une bonne solution.

Les problèmes de l'énergie relèvent du même ordre de préoccupations. Le changement du rapport des forces dans le monde a permis, depuis 1973, un réajustement des prix de production. Il convient maintenant d'aller vers une détermination des prix qui garantisse, d'une part, une juste rémunération des pays producteurs et, d'autre part, des conditions d'approvisionnement normales pour tous les pays, correspondant à leurs besoins. Les mesures à prendre doivent notamment permettre de réduire l'importance du dollar dans la commercialisation des produits pétroliers, de prendre en compte les effets de l'inflation des pays capitalistes, de lever l'emprise des grandes compagnies pétrolières et de dégager les moyens nécessaires à une gestion rationnelle à long terme des ressources énergétiques.

Le sous-développement, c'est aussi aujourd'hui trois cents millions de chômeurs dans le monde. Alors qu'il y a tellement de besoins élémentaires à satisfaire ! Dans le même temps des dizaines de millions de travailleurs sont expulsés de leur propre pays par la misère et jetés sur le marché aux esclaves de la grande production capitaliste. Ils y connaissent des conditions de travail très dures, des conditions de vie déplorables, leurs droits élémentaires sont bafoués, certains sont liquidés, sans que les prétendus défenseurs des Droits de l'homme se sentent concernés. Pour les travailleurs immigrés aussi, et avec eux, nous revendiquons le droit de « vivre, travailler et décider au pays ».

Il serait illusoire de compter sur de simples transferts des riches aux pauvres, des pays industrialisés aux pays dépourvus, pour résoudre les problèmes de développement. Ce serait instituer l'assistance généralisée qui aurait toutes les chances d'être récupérée par les multinationales et les organisations supranationales dominées par les forces impérialistes. Ce serait, de plus, contraire à la libre détermination de tous les pays qui aspirent légitimement à décider eux-mêmes des conditions de leur croissance.

Chaque pays doit pouvoir à la fois fonder son développement sur des objectifs et des moyens adaptés à ses caractéristiques nationales et prendre appui sur une coopération internationale qui, affranchie de toute relation de domination, soit bénéfique à tous les pays coopérants.

Cette option de base, valable pour tout pays, quel que soit son niveau de développement — et qui correspond à ce que j'ai avancé pour la France dans le chapitre précédent —, a d'importantes conséquences pour les pays en développement.

Elle souligne l'importance du développement industriel économe en capital, créateur d'emplois, prenant directement appui sur les facteurs matériels et humains disponibles dans le pays et intégrant au mieux les traditions et les atouts particuliers de chaque nation.

Elle affirme le droit de tous les pays d'accéder aux technologies les plus élevées, tout en recherchant celles qui sont le mieux adaptées aux conditions réelles du pays et donnent la meilleure efficacité aux premières actions de formation des hommes.

Elle donne la priorité au développement cohérent des bases nationales, ce qui entraîne la nécessité d'une intervention plus grande des travailleurs et de l'existence d'un secteur public permettant la maîtrise nationale des investissements déterminants.

Elle implique qu'une plus grande place soit faite aux pays en développement dans les échanges internationaux, notamment pour les produits élaborés.

La France a le plus grand intérêt à développer avec tous les pays une coopération conforme à ces objectifs. Cela implique, comme je l'ai dit, un certain redéploiement de ses relations extérieures à partir de la situation actuelle. J'y vois pour notre pays trois sortes d'avantages.

Tout d'abord, je constate que nous avons intérêt à commercer davantage avec les pays socialistes, ainsi qu'avec les pays en développement, et à rééquilibrer nos échanges avec les pays capitalistes les plus puissants. En effet, et des études officielles le prouvent, nos échanges avec les pays en développement ont d'ores et déjà été à l'origine de la création nette de plusieurs dizaines de milliers d'emplois pour les travailleurs français, tandis que le déficit commercial que nous avons avec les Etats-Unis, l'Allemagne fédérale et le Japon est l'équivalent de 300 000 emplois en moins pour les Français. Ce ne sont donc pas les pays du Tiers-Monde ni les pays socialistes qui exercent une contrainte extérieure à notre égard. Nous sommes pour le développement résolu de nos échanges avec ces pays en faisant tout pour affranchir ces relations de l'intervention des sociétés multinationales ou de celles des potentats locaux qui sévissent dans certains pays sous-développés. C'est aux peuples que doivent bénéficier des échanges plus importants.

Ensuite, nous avons intérêt à voir augmenter le pouvoir d'achat de tous les pays du monde. C'est la condition d'une diversification qui peut être l'occasion d'un élargissement des débouchés des productions françaises, pour peu que soient levés les obstacles liés à la domination des multinationales et à l'action des Etats qui les soutiennent. Il est plus facile, en effet, de maîtriser ses relations extérieures lorsque les échanges s'effectuent à un haut niveau et qu'ils s'appliquent à une grande variété de biens. Que des pays sous-développés commencent à fabriquer des machines-outils n'est pas en soi une menace pour la France, mais pourrait être, au contraire, l'occasion pour nous d'engager avec ces pays des opérations de coopération qui nous permettraient simultanément de reconquérir notre marché intérieur en le renforçant, de soutenir la production des pays pauvres et de nous affranchir progressivement de la tutelle allemande actuelle sur le secteur.

Enfin, nous avons intérêt au développement de tous les pays, et notamment des plus pauvres, parce que c'est le moyen pour chacun d'apporter une contribution à la solution des grands problèmes mondiaux, correspondant le mieux à ses capacités. De plus, une division internationale du travail développée sur des bases équitables permet une plus grande efficacité globale : chacun peut donc y trouver son compte. Cela rend nécessaire une maîtrise élevée de cette coopération, qu'il est souhaitable pour cette raison de situer dans le cadre de relations d'Etat à Etat, mais sans les y confiner nécessairement : il est bon que les peuples interviennent directement dans les décisions d'échanges internationaux. De même, les entreprises publiques peuvent être de bons instruments dans ces échanges en raison de l'autonomie relative qui peut être la leur à l'égard des sociétés multinationales. Elles offrent aussi généralement des possibilités d'intervention aux classes ouvrières des différents pays, ce qui peut concourir au combat de classe pour la démocratisation des relations internationales et aider en retour aux changements démocratiques dans chaque pays, le cas échéant en France.

un nouvel ordre : démocratiser la vie internationale

Cela rejoint la troisième orientation fondamentale que je propose : il faut démocratiser les institutions, les relations, bref la vie internationale.

Cette action aux niveaux les plus élevés des organisations internationales peut, en effet, apporter une contribution éminente à la paix, faciliter la solution des différends entre Etats et par là même encourager le désarmement.

Renoncer pas à pas à la politique des blocs, cela permettrait le démantèlement progressif et simultané des organisations militaires qu'ils comportent. Ainsi pourraient disparaître les organismes politiques mis en place par les impérialistes pour maintenir les peuples dans leur champ d'influence.

Certains organismes nécessiteraient de profondes réformes, voire leur remplacement par des structures plus respectueuses des souverainetés nationales. Ainsi en est-il, par exemple, des nombreux organismes de la Communauté économique européenne ou des structures de négociations commerciales multilatérales (G.A.T.T.) dans lesquelles la France ne peut même pas s'exprimer directement, tandis qu'il n'est tenu aucun compte de l'avis des pays du Tiers-Monde.

Le système monétaire international est en crise profonde. La situation actuelle démontre à l'évidence qu'aucune construction monétaire et financière stable n'est concevable sans la mise en cause fondamentale de la domination du dollar et du rôle des grandes banques qui pillent les peuples et désorganisent les échanges. Il faut, en même temps, mettre en place un système international d'aides et de crédits pour le développement qui fasse entrer dans la réalité aussi bien la proposition de Fidel Castro pour la création d'un fonds de développement de 300 milliards de dollars sur dix ans que la recommandation de l'ONU, datant déjà de 1971, de porter l'aide sur fonds publics des pays industriels à 0,7 % de leur produit intérieur brut.

Les grands organismes financiers internationaux, tels que le Fonds monétaire international ou la Banque mondiale, sont dominés par les Etats-Unis. Leur démocratisation passe donc par la disparition de cette hégémonie et par la prise en compte de leurs activités dans le cadre de l'organisation générale des Nations unies et des organismes qui en dépendent (CNUCED, ONUDI, etc.). D'une façon plus générale, il m'apparaît souhaitable que tous les grands problèmes du monde relèvent de l'Organisation des Nations unies et qu'ils y donnent lieu, le cas échéant, aux plus larges discussions. Ceci pour une raison très simple : chaque pays, petit ou grand, riche ou pauvre, y compte pour une voix.

Je souhaite aussi que le problème des Droits de l'homme, dans l'acception large que je lui donne et qui me semble, d'ailleurs, correspondre à ce que le pape Jean-Paul II en a dit au Brésil, soit examiné au niveau le plus élevé. Le Bureau international du Travail a sûrement quelque chose à faire pour mettre fin au calvaire du travail forcé des cent millions d'enfants et à toutes les formes de surexploitation. L'UNESCO a certainement les moyens de faire la lumière sur toutes les violences exercées contre l'esprit et la culture. Le Secrétariat général de l'ONU devrait pouvoir éclairer l'opinion publique mondiale sur les assassinats, les tortures et toutes les atteintes aux libertés, quel que soit le pays où ces faits se produisent.

Il s'agit là de tâches d'une extrême difficulté. Ce sont les tâches des hommes de notre temps. N'est-ce pas là une chance pour notre pays ?

un rôle tout désigné pour la france

Au regard des mers immenses, des vastes continents et des pays les plus étendus de notre planète, la France est un pays de dimensions modestes. Et pourtant c'est un grand pays.

J'ai rappelé son histoire et ses atouts.

C'est un grand pays aussi parce que ses forces vives

ont tenu leur place dans la lutte contre la barbarie fasciste, ce qui lui vaut d'être l'un des cinq membres permanents du Conseil de sécurité des Nations unies et de figurer aux premiers rangs des principaux organismes internationaux.

C'est un grand pays parce qu'il a l'expérience du combat pour les grandes causes humaines et qu'il a montré qu'il savait lutter pour la liberté, l'égalité et la fraternité.

Je sais bien que notre peuple n'est pas sans défauts, qu'il a commis des erreurs et qu'il a des faiblesses. Il ne faut évidemment pas faire de la France un modèle ou un mythe. C'est, au contraire, au nom du réalisme que je me pose et que je pose aux Françaises et aux Français la question : qui peut ajourd'hui mieux que la France jouer un rôle dans l'avènement d'un nouvel ordre économique et politique international ?

Pour ma part, je réponds sans hésiter : personne.

Dans ce monde en transformation, dans cette société en crise, le poids économique, financier ou militaire n'est pas tout. Regardez, par exemple, la Yougoslavie de Tito ou le Cuba de Fidel Castro : ce ne sont pas des grandes puissances, mais quel rayonnement dans le monde, hors de proportion avec ce qu'ils « pèsent » en réalité dans la production ou les échanges commerciaux ! Pour quelle raison ? Eh bien, essentiellement parce que ces pays ont su affirmer leur personnalité et qu'ils ont dans la dernière période conduit le mouvement des non-alignés, au sein duquel se sont également affirmés l'Inde de Nehru et l'Egypte de Nasser.

Ce mouvement des non-alignés se définit par référence à certains principes : libre détermination des peuples, refus total des ingérences extérieures, rejet de toute soumission aux grandes puissances, maîtrise des ressources naturelles et du développement économique par chaque pays. Il traduit de grandes aspirations fondamentales qui convergent avec celles que nous retenons nous-mêmes pour la France.

Les propositions que j'ai formulées à Mexico en 1978 ou à Luxembourg en octobre 1979 pour un nouvel ordre mondial, l'ensemble des mesures que nous avons avancées pour la paix et le désarmement et que j'ai rappelées, les dispositions constructives pour l'Europe des peuples que nous avons rendues publiques, en juin 1979, lors des élections à l'Assemblée européenne, témoignent de l'harmonie de nos positions de fond avec celles qui caractérisent le mouvement des non-alignés.

Dès lors, pourquoi la France ne s'engagerait-elle pas dans cette voie qui est, je n'en doute pas, celle de sa plus grande audience dans le monde ? Le général de Gaulle n'avait-il pas compris que c'est en jouant la carte de l'indépendance nationale qu'il pourrait le mieux se faire entendre, aussi bien à l'intérieur du pays qu'à l'extérieur ?

La politique de M. Giscard d'Estaing tourne le dos à cette conception. Quelle image donne-t-il de notre pays aujourd'hui dans le monde ? La France de M. Giscard d'Estaing, c'est celle des expéditions militaires en Afrique, celle des petits déjeuners Giscard-Schmidt, celle des simagrées destinées à donner l'illusion qu'on prend des distances à l'égard des Etats-Unis pour finalement leur emboîter le pas sur les questions essentielles.

La France ne retient favorablement l'attention dans le monde d'aujourd'hui que lorsque le mouvement populaire y est assez puissant pour interdire à ses gouvernants le boycottage officiel des Jeux olympiques, amener son président à renouer les relations avec l'Algérie ou à discuter à Varsovie avec les dirigeants des pays socialistes.

La préoccupation des communistes, c'est de mettre en valeur tout ce qui peut assurer aux yeux des peuples la continuité entre la France de la Renaissance, la

France du siècle des Lumières, la France révolutionnaire, la France de Droits de l'homme et du citoyen et la France d'aujourd'hui. C'est pourquoi je n'hésite jamais, pour ma part, à relever publiquement, et à faire connaître au monde, tout acte positif qui puisse être de nature à restaurer l'image de la France dans le monde, image défigurée par le capitalisme.

C'est ce qui m'a conduit, depuis deux ans, à effectuer de nombreux voyages dans toutes les parties du monde. Au Mexique, où j'ai pu enregistrer la grande similitude de vues qui existait entre les positions du Parti communiste français et celles du président Lopez Portillo concernant le nouvel ordre mondial. En Algérie, où j'ai travaillé avec le président Houari Boumédienne, puis le président Chadli à créer les conditions d'une relance de la coopération franco-algérienne et où j'ai contribué à la libération de jeunes Français détenus par le Front polisario, en même temps que je prenais position pour qu'on fasse droit aux revendications nationales du peuple sahraoui. Au Proche-Orient, où j'ai pu examiner les conditions générales d'un règlement des conflits en cours et obtenir la confirmation de la justesse de notre position sur l'importance du fait national dans les revendications du peuple palestinien. En Afrique, où j'ai pu mesurer les graves problèmes du sous-développement qui s'y posent, l'ampleur des changements qui s'y produisent et le grand crédit dont y dispose encore notre pays.

Ce ne sont que des exemples, mais je pense que ces démarches ont été utiles à mon pays, au peuple français dans la diversité de ses opinions. Je mesure en même temps tout ce qui serait possible avec une France qui aurait changé, qui aurait donné à la classe ouvrière la place qui doit être la sienne, qui pourrait de ce fait renouer franchement avec son passé humaniste et révolutionnaire.

9

le parti communiste : clé de l'avenir

J'étais, le 24 mai dernier, à Thionville en Lorraine, où je m'adressais à des milliers de jeunes. A un moment donné, leur montrant la tribune où se tenaient les dirigeants régionaux et locaux de notre parti, je leur ai dit ceci :

« Regardez les camarades qui sont ici avec vous aujourd'hui. Arthur Buchman, c'est le dirigeant des communistes de Moselle. Il a commencé à travailler à quatorze ans, il est devenu chaudronnier à l'usine et, au contact des métallos, il est devenu communiste à vingt ans. Il a laissé une partie de sa main dans un accident du travail. Arthur a été le principal responsable de la C.G.T. du département. Et c'est cet ouvrier qui est traîné aujourd'hui devant le tribunal pour avoir manifesté avec les mineurs sur le carreau de la mine de Faulquemont afin qu'elle ne meure pas !

« Roland Favaro, notre responsable régional, a été le dirigeant national de la Jeunesse communiste et il est revenu ensuite se battre ici parmi les mineurs, les sidérurgistes. Il connaît le métier, comme on dit. Il est né à Thil, au milieu du pays des hauts fourneaux. C'est là aussi qu'il est devenu chaudronnier et communiste à dix-neuf ans.

« Alain Amicabile est un des jeunes de notre Comité central, où il a rejoint Arthur et Roland. A trente ans, il est secrétaire de notre fédération de Meurthe-et-Moselle Nord. Alain est électricien. Il a dû, pendant plusieurs années, aller chercher du travail au Luxembourg comme des milliers d'autres jeunes. A dix-huit ans, il est devenu communiste et a été dirigeant de la Jeunesse communiste de Lorraine.

« Vous le constatez, les dirigeants de notre parti, ce sont pour beaucoup des ouvriers. Mais ce sont aussi des intellectuels.

« Parlons de Colette Gœuriot. C'est une des treize femmes du groupe des députés communistes à l'Assemblée nationale. Treize sur un total de dix-huit femmes députées. Colette a enseigné de nombreuses années dans les écoles maternelles comme institutrice. C'est à partir de tout ce qu'elle a vécu avec les enfants des travailleurs de la région qu'elle a étendu son activité au plan local et national. Aujourd'hui, maire de Jœuf, député de Meurthe-et-Moselle, elle n'est pas devenue un notable. C'est la même femme dévouée, attentive, compétente qu'elle était hier dans sa classe.

« Paul Souffrin, le maire de Thionville, accueille aujourd'hui la jeunesse de la région. Paul est médecin et, à ce que je sais, il a gardé le contact avec sa profession, avec l'hôpital et les malades, tout en assumant la lourde et prenante charge de maire.

« Je pourrais continuer avec tous les camarades qui sont ici autour de moi.

« Alors, quand on viendra vous dire : « *Tous les mêmes, ceux qui s'occupent de politique* », vous penserez à ces femmes, à ces hommes, chaudronniers, électriciens, institutrices, médecins.

« La lutte politique, ils s'y sont engagés souvent très jeunes. Ils y sont restés propres, intègres, proches de vos problèmes. Pour une simple raison : ils les vivent comme vous, avec leur famille, leurs enfants. »

J'ai rappelé cette déclaration, parce que je pense qu'elle a valeur d'exemple. Vous pouvez vous-même, dans votre région, faire des constatations analogues. C'est un fait, les dirigeants locaux, départementaux, régionaux, et aussi nationaux du Parti communiste sont des travailleurs, le plus souvent des ouvriers.

Parlons des ouvriers. C'est une originalité du Parti communiste français que les ouvriers soient non seulement présents dans ses directions à tous les niveaux, mais y occupent la plus large place. Soixante-deux dans son Comité central, onze sur vingt et un dans son Bureau politique, et... son secrétaire général. C'est le seul parti à présenter cette caractéristique dans notre pays. J'ajoute que cela ne se limite pas aux directions du parti lui-même. Si les ouvriers peuvent être présents à l'Assemblée nationale et y faire entendre leur voix, c'est qu'ils ont pris place sur les bancs communistes. S'il y a eu des ouvriers assis autour de la table du Conseil des ministres, c'est parce qu'il y a eu des ministres communistes pendant un court laps de temps, de 1944 à 1947. Notons-le en passant, le prétexte qui a servi à un président du Conseil socialiste pour les chasser du gouvernement, c'est leur soutien à une grève des ouvriers de chez Renault !

les permanents

Avant d'aller plus loin, réglons une question : les « permanents » !

On nous attaque là-dessus. « Vos ouvriers ne le sont plus », nous dit-on. Ils sont devenus des « gens d'appareil », des « fonctionnaires », comme dit si élégamment François Mitterrand. Je concède à François Mitterrand que les permanents du Parti communiste ont quelque chose de commun avec la plupart des fonctionnaires de ce pays, ceux des basses catégories : leur maigre paie. Nous communistes, que nous soyons maire, président de Conseil général ou régional, député, sénateur, ministre, dirigeant du parti, nous ne nous enrichissons pas à faire de la politique ; nous nous contentons de percevoir le salaire moyen d'un travailleur, de vivre à sa manière, en reversant au parti les sommes qui vont au-delà. Nombre de nos permanents pourraient gagner des milliers de francs de plus par mois s'ils reprenaient leur activité professionnelle. D'ailleurs, le journal *le Point* s'étant aventuré à demander aux hommes politiques de publier le montant de leurs revenus et de leur patrimoine, ainsi que celui de leur épouse (ou époux), j'ai été le seul — en accord avec mes camarades qui se sont réservés de le faire également si nécessaire — à répondre de manière complète et à publier ma réponse.

Mais allons plus au fond. Des ouvriers deviennent chez nous des permanents, c'est-à-dire qu'ils cessent leur activité professionnelle pendant le temps où ils se consacrent à leurs responsabilités politiques. Ils s'occupent en permanence... de la révolution ! Mais comment faire autrement si on veut avoir des dirigeants de formation ouvrière ?

Quand on est patron, on est libre de son temps, on peut l'utiliser librement pour faire de la politique. On le peut d'autant plus que, pendant ce temps-là, il y a des ouvriers et des ingénieurs qui transpirent pour vous. Les actions font des petits. Les cours de l'or, du diamant, la valeur des terres, des immeubles, des châteaux grimpent, et on vous entretient... de sacrifices à la télévision.

Sans aller jusque-là, quand on est avocat, notaire ou professeur d'université, on peut travailler pour gagner sa vie tout en ayant du temps pour des activités extérieures à sa profession. Cela se voit couramment.

Mais quand on est ouvrier ? Huit heures au moins par jour, le temps de trajet, les cadences, le manque de moyens matériels, le handicap culturel de n'avoir pas pu prolonger ses études. Alors ? C'est simple. Ou bien on abandonne son activité professionnelle et on assume des responsabilités nouvelles quand on en a le goût, les capacités et qu'on bénéficie de la confiance de ses camarades. Ou bien on ne peut accéder à des responsabilités de quelque importance.

Nous voilà au fond de l'affaire. Ceux qui s'en prennent aux permanents ouvriers du Parti communiste sont ceux qui refusent aux ouvriers le droit et les moyens d'accéder aux responsabilités. Ils aiment bien les ouvriers, mais comme fantassins, pions ou machines à profit. En mettant un peu d'argent des travailleurs à leur disposition pour qu'ils puissent vivre sans exercer leur profession, le Parti communiste permet à des ouvriers de devenir des dirigeants, de parler d'égal à égal avec les bourgeois.

Je dirais même que, de cette façon, ce sont les ouvriers qui se sont organisés eux-mêmes pour que des dirigeants sortent de *leurs* rangs et dirigent *leur* parti. Cette originalité-là, à elle seule, montre que le Parti communiste n'est pas un parti comme les autres : c'est le parti des ouvriers, le parti de la classe ouvrière.

un parti ouvrier

Bien sûr, cette situation ne doit rien au hasard. Elle résulte d'un choix.

C'est Marx lui-même, au siècle dernier, qui avança l'idée que les ouvriers devaient se donner un parti politique nouveau, bien à eux, dirigé par eux. C'était une idée hardie, révolutionnaire, car, d'ordinaire, on pense plutôt que ce sont les gens instruits, disposant de temps, qui doivent diriger.

Pourquoi cette idée révolutionnaire ? Pour une raison très précise. Marx cherchait les chemins par lesquels il serait possible d'abolir la société capitaliste, de construire le socialisme, et il en vint à cette conclusion : la force sociale la mieux placée pour conduire et gagner la lutte contre la bourgeoisie, c'est la classe ouvrière. Parce que les ouvriers sont les plus exploités, ils ont le plus intérêt au changement ; leur nombre grandit avec le développement du capitalisme ; ils disposent des meilleures conditions pour prendre conscience de leurs intérêts communs, s'organiser et lutter ; ils peuvent regrouper autour d'eux d'autres couches opprimées dont les intérêts essentiels ne sont pas contradictoires avec les leurs. Cela fait beaucoup de bonnes raisons.

Suivant les idées de Marx, des partis se constituèrent avec une participation ouvrière à partir des années 1860-1870. Il s'agissait de partis socialistes ou, comme on disait, sociaux-démocrates. Malheureusement, l'influence des ouvriers et des idées révolutionnaires ne s'imposa pas de manière décisive dans ces partis et, à un moment donné, ils abandonnèrent le terrain de la lutte pour le socialisme et glissèrent vers la collaboration avec la bourgeoisie. Ils s'avilirent jusqu'à soutenir la guerre de 1914, malgré les beaux discours et les promesses faites auparavant.

Un seul parti résista à ce dérapage, se transforma dans le bon sens et renversa le capitalisme : le Parti communiste dirigé par Lénine en Russie.

C'est cette situation qui explique qu'après la guerre, dégoûtés des horreurs de celle-là et de la faillite de la social-démocratie, les travailleurs et les démocrates regardèrent vers la révolution russe et décidèrent de se donner de véritables partis ouvriers capables de lutter pour le socialisme. Ce fut le cas en France en 1920, au Congrès de Tours, où la majorité du vieux Parti socialiste décida de transformer celui-là en parti communiste. Le Parti communiste français était né.

En prenant cette décision, les congressistes de Tours ne faisaient que retrouver et prolonger les meilleures traditions de lutte du peuple français. Celles de la Révolution de 1789 qui vit les « petites » gens, le peuple s'installer en acteur majeur de la vie nationale. Il y eut même deux ouvriers qui furent élus à la Convention en 1793 : l'ouvrier Pointe dans le département qui portait alors le nom de Rhône-et-Loire et l'ouvrier Armonville dans la Marne. Et aussi les traditions de 1848, et surtout de la Commune de Paris, en 1871, où, pour la première fois, des ouvriers, des gens du peuple — y compris des femmes — accédèrent à la direction des affaires publiques.

les intellectuels communistes

Cette volonté de créer et de faire vivre un parti ouvrier n'implique aucune réticence, aucune discrimination à l'égard des travailleurs intellectuels.

En effet, nous avons toujours considéré que la

plupart des intellectuels avaient, du point de vue de l'épanouissement de leur activité créatrice, tout intérêt au socialisme et pouvaient donc se retrouver aux côtés des ouvriers dans la lutte. Je pense même que cette rencontre, cette alliance capitale, constitue une condition du succès de cette lutte. Car c'est tout le peuple travailleur qui doit se rassembler pour vaincre.

Il y a plus. La lutte révolutionnaire ne peut se mener n'importe comment. Il existe des sciences sociales. Les connaître ne garantit pas l'infaillibilité, pas plus que la connaissance de la physique, de la biologie, des mathématiques ne garantit à ceux qui la possèdent qu'ils ne se tromperont jamais. Il n'empêche qu'il faut connaître ces sciences si on veut avoir les moyens de comprendre les phénomènes et de faire progresser la maîtrise de l'homme sur la nature. Il en est de même pour transformer la société et faire progresser la maîtrise de l'homme sur sa propre vie. Pour cela, il faut connaître l'économie, l'histoire, la philosophie, la sociologie, etc. Plus généralement, quand on veut faire la révolution socialiste, il faut connaître cette véritable théorie révolutionnaire du passage de la société du capitalisme au socialisme dont Marx et Engels ont jeté les bases : ce qu'on appelle le socialisme scientifique.

Aux débuts du mouvement ouvrier, ce sont des intellectuels qui ont apporté cette connaissance aux ouvriers. Il ne pouvait en être autrement. Lénine lui-même était un intellectuel.

Mais aujourd'hui, c'est le parti tout entier, ses directions qui ont acquis ces connaissances et ont pour tâche de les faire fructifier par la réflexion et l'action. On dit du parti qu'il est un « intellectuel collectif ».

Quels que soient leur origine sociale, leur métier, tous les communistes y ont les mêmes droits. Cela ne veut pas dire qu'ils soient coulés dans le même moule. Chacune, chacun a ses aptitudes, ses talents particuliers. L'apport des intellectuels communistes est irremplaçable pour aider à la réflexion théorique, à la recherche, à la connaissance, ainsi que pour apporter les réponses aux problèmes qui sont ceux de tous les travailleurs intellectuels. Si, dans le passé, seuls quelques hommes de culture lucides et généreux apportaient au Parti communiste leur savoir et l'éclat de leur renom, aujourd'hui plus de 70 000 intellectuels de formation et de profession enrichissent le parti de leur présence et de leur activité. On est loin de l'image donnée par nos adversaires.

Cette coopération approfondie entre ouvriers et intellectuels constitue une autre originalité du Parti communiste. J'y vois une sorte de préfiguration de ce rapprochement, de cette interpénétration progressive, de cet effacement des différences entre travailleurs manuels et intellectuels qui caractérisera, je pense, la société socialiste de demain.

C'est dire l'intérêt que j'attache aux décisions que nous avons prises pour corriger les insuffisances apparues dans notre travail et développer un effort sans précédent afin de gagner la masse des intellectuels au combat pour le socialisme.

les cellules

Pour être un parti ouvrier, un parti révolutionnaire, il fallait aussi une autre façon de s'organiser et de faire de la politique. C'est ce qui explique les règles originales et les méthodes de lutte du Parti communiste.

Originalité, par exemple, que l'existence des cellules. C'est dès 1924 que les communistes français se sont engagés dans cette voie. Auparavant, le parti était organisé sur la base de sections locales, plus ou moins vastes, qui se réunissaient une fois de temps en temps. Cela donnait des forums où il était difficile de se faire entendre, où les mieux préparés à faire des discours « tenaient le crachoir », tandis que les autres n'avaient qu'à écouter et se taire. Et puis, une fois la réunion finie, chacun retournait dans son coin jusqu'à la prochaine réunion, laissant à quelques « chefs » le soin de régler les affaires. Ces réunions se tenaient, d'ailleurs, surtout au moment des élections.

En abandonnant ce type d'organisation pour créer des cellules d'entreprise, de bureau, de laboratoire, d'école, de groupe d'immeubles, de quartier, de village, les communistes avaient un double objectif :

— d'une part, décentraliser l'organisation, la rapprocher des gens pour mieux les connaître, et favoriser la participation des adhérents — et particulièrement des travailleurs — aux réunions et aux discussions ;

— d'autre part, faire un parti qui ne soit pas seulement un parti de discours, un parti électoral, mais un parti de lutte.

La cellule a, en effet, ceci de particulier qu'elle facilite le contact, la connaissance des problèmes quotidiens et l'organisation de l'action avec les gens concernés. Ce n'est pas pour rien que nous nous sommes prononcés pour l'autogestion, une vraie autogestion. Nous pensons que la politique doit être faite par les travailleurs eux-mêmes, et non pas seulement par une « élite ».

C'est pourquoi, en réunion de cellule, les communistes se retrouvent pour discuter de la situation, des événements de l'actualité, des problèmes qui leur tiennent à cœur, et aussi des tâches à accomplir. Ils choisissent eux-mêmes ces tâches et prennent les dispositions concrètes.

Et si nous nous sommes attachés à créer des cellules d'entreprise — qui sont actuellement au nombre de 10000 sur les 28000 cellules que compte notre parti —, c'est pour faire en sorte que les problèmes des travailleurs soient discutés en priorité, que la lutte pour défendre leurs droits soit menée en permanence, qu'ils aient une large place dans le parti.

Vous voyez, il n'y a là rien de mystérieux comme voudraient le faire croire nos adversaires. Rien d'une société secrète. C'est la cellule, partie d'un organisme vivant, et non cachot où on s'enfermerait soi-même.

Il est vrai que parfois, des cellules sont un peu... clandestines parce qu'elles ont peu d'activité. Cela n'a rien d'un choix délibéré, mais provient de difficultés de la vie auxquelles il faut remédier. Nous avons besoin de cellules vivantes, dynamiques, étroitement liées aux travailleurs, à la population. Nous avons besoin de beaucoup plus de cellules, de beaucoup plus d'adhérents. Nous avons dit : un million. C'est à la hauteur de ce que nous voulons pour les travailleurs et pour le pays.

le centralisme démocratique

Cette discussion, cette vie démocratique nous sont indispensables parce que le Parti communiste n'est pas une armée. Il est une somme de bonnes volontés, une réunion d'hommes et de femmes animés d'un même idéal et agissant sur la base de leur conviction.

Cela me fait toujours sourire quand j'entends parler de « contestataires » chez nous. Mais nous sommes tous des contestataires ! C'est le propre des communistes que de contester l'ordre établi, de vouloir que les choses bougent, changent. Et chacune, chacun le fait avec son tempérament, sa sensibilité. Ce qui fait que la discussion est parfois vive, et toujours libre. Nous lui donnons même une expression publique dans des tribunes paraissant pendant la préparation de nos congrès, et aussi — selon nos nouveaux statuts — dans l'intervalle des congrès, en fonction des tâches qui sont les nôtres. Etant entendu qu'il ne peut être question de se lancer dans une rediscussion permanente et tous azimuts de la politique et des décisions de notre parti qui ruinerait son efficacité, donnerait à l'adversaire de classe, trop heureux de l'occasion, des moyens de faire pression de l'extérieur sur nos décisions, ferait du parti un salon mondain et non une organisation politique de combat.

Tout le monde sait que je ne crains pas le débat. Au contraire. Alain Duhamel, Jean-Pierre Elkabach et quelques autres en savent quelque chose. Sinon comment expliqueriez-vous la perpétuelle dérobade de M. Barre ? Et tous les communistes sont en général, chacune et chacun selon son tempérament, des passionnés de la discussion. La question n'est donc pas là.

Simplement, une fois la discussion achevée par une décision démocratiquement prise à la majorité, cette décision est applicable par tous les communsistes. Je dis bien : par tous. Et je confirme que c'est avec tous que nous voulons mettre en œuvre notre politique, nous battre et avancer. Cela n'oblige aucun communiste à être d'accord s'il ne l'est pas, à renoncer à son point de vue, même minoritaire. Il est seulement vrai qu'à un moment donné, si on n'est d'accord sur rien et soucieux de tout critiquer, même publiquement, mieux vaut être honnête avec soi-même et s'en aller. C'est possible sans drame. La porte est ouverte dans les deux sens. Mais là n'est pas l'essentiel.

L'essentiel, ce sont ces règles de vie qui garantissent à la fois l'élaboration démocratique et la cohésion, l'efficacité, et au bout du compte le respect des engagements pris dans l'action. Eh bien, le « fameux » centralisme démocratique, c'est tout simplement cela.

Peut-être vous direz-vous : pourquoi fait-on tant de tapage autour de cette vie intérieure ?

Mais parce que notre façon de faire rompt avec les pratiques politiciennes en vigueur dans les autres partis. Ailleurs, on dit une chose et on fait le contraire. On ne tient aucun compte de la volonté de la majorité et on n'en fait qu'à sa tête quand on est un « chef ». On passe son temps en luttes de clans, de personnes, de tendances, tandis que les vrais problèmes régressent au second plan. Chez nous, non. Il y a une politique définie ensemble dans laquelle les travailleurs se retrouvent. Il y a des dirigeants pour animer le travail de tous. On peut les contrôler. Ils sont à l'image du parti. J'ajoute que toutes ces règles ne sont pas figées. Une chose est de faire vivre et agir un parti comme le nôtre dans les conditions de la clandestinité — comme pendant la dernière guerre —, autre chose est de le faire vivre et agir aujourd'hui, alors que les progrès accomplis et notre volonté d'aller au socialisme par une voie démocratique permettent et supposent d'améliorer sans cesse le fonctionnement démocratique du parti, l'information et l'expression de chacun, la participation de tous à l'élaboration et à la mise en œuvre des décisions.

C'est dans ce sens que nous avons modifié nos statuts lors de notre dernier Congrès. Nous veillons ainsi à aller de l'avant sans jamais perdre de vue que le Parti communiste ne fonctionne pas pour lui-même. Il n'a de valeur que s'il est bien l'outil dont les travailleurs ont besoin dans la lutte permanente et sans concession qu'ils doivent mener contre la bourgeoisie pour défendre leur vie, leurs droits, pour se libérer de l'exploitation et construire une société nouvelle.

Oui, décidément, un parti pas comme les autres !

l'apport du parti communiste à la france

Le Parti communiste était à peine né, dans les années vingt, qu'il commençait à apporter du neuf, du courageux dans la vie politique française.

Par exemple, c'est dès 1925 que les communistes engagent la bataille contre le colonialisme, pour la solidarité avec un peuple en lutte : il s'agissait du peuple marocain. Comme on dit, il fallait le faire à l'époque. Cette orientation lucide, fondée sur la conviction que les intérêts des travailleurs français et des peuples opprimés se rejoignent, sur la certitude que rien ne pouvait empêcher ces peuples de conquérir leur liberté, notre parti n'a cessé de la défendre. Face à la guerre d'Indochine. Face à la guerre d'Algérie. Cela a valu aux communistes bien des attaques, des insultes, des coups, la répression. Pourtant, ce sont eux qui avaient raison. Si on les avait écoutés, des destructions terribles auraient été évitées, des vies innombrables auraient été épargnées.

Puis vient la lutte contre la montée du fascisme, contre la crise qui frappe les travailleurs et leurs familles. C'est en 1934, en octobre, qu'au nom du Parti communiste, Maurice Thorez s'adresse aux autres partis de gauche, à toutes les forces démocratiques, pour leur proposer la constitution d'un « Front populaire pour le pain, la paix et la liberté ». Le Front populaire deviendra réalité l'année suivante et vaincra en 1936.

Munich. Aujourd'hui, il est fréquent d'entendre les politiciens de la bourgeoisie utiliser le mot « munichois » comme une insulte, comme le synonyme de capitulard. Ils nous traitent même, nous communistes, de « munichois », parce que nous avons lutté pour la participation de la France aux Jeux olympiques ! Ils ne manquent pas d'aplomb. En 1938, eux ou leurs prédécesseurs ont tous approuvé la capitulation du gouvernement français devant Hitler à Munich. Le Parti communiste a été seul, terriblement seul, comme parti politique, à dire non. Il avait raison. Munich avait ouvert la porte à la guerre.

La guerre. De Gaulle, parti à Londres, lance de là-bas l'appel historique du 18 juin à le rejoindre pour résister. Sur le sol national, et dans une situation d'une grande complexité, les communistes engagent la bataille contre l'occupant, dès 1940, et jusqu'au bout. Le Parti communiste est le seul parti qui réussit à fonctionner pendant toute la guerre dans la France soumise à la botte nazie.

A la Libération, des communistes prennent leur place dans le gouvernement et apportent une contribution essentielle au relèvement de la France et à l'adoption de réformes sociales et économiques audacieuses.

Comment ne pas observer que les deux périodes de l'histoire récente de notre pays qui ont été favorables aux travailleurs sont précisément les deux périodes où les communistes étaient avec le gouvernement ou dans son sein : 1936 et 1945 ?

En 1947, les ministres communistes sont mis dehors sur ordre de Washington. Cela fait trente-trois ans. Qui y a gagné ? Les travailleurs ? Le pays ? Sûrement pas.

Plus près de nous, ce qui a suivi la création du Marché commun, puis son élargissement à la Grande-Bretagne a vérifié la capacité de notre parti à bien voir de quel côté est l'intérêt des ouvriers, des paysans, de la nation. Il est vrai que le général de Gaulle était, lui aussi, opposé à l'élargissement à la Grande-Bretagne. En 1971, après sa disparition, nous avons été seuls — avec cinq millions de Français — à dire non. Il aura fallu neuf ans pour qu'on vérifie combien il eût mieux valu nous écouter. Nombreux sont ceux qui y réfléchissent aujourd'hui, ce qui explique que M. Giscard d'Estaing soit contraint de manœuvrer. Mais attention au piège électoral. C'est non qu'il faut dire à l'élargissement du Marché commun à la Grèce, à l'Espagne et au Portugal. Catégoriquement non.

Je pourrais reparler du charbon. Il y a plus de quinze ans que nous avons lancé la bataille pour le charbon français. Et voilà qu'aujourd'hui, l'évidence commence à s'imposer.

De manière générale, la vie serait différente aujourd'hui pour les travailleurs s'il n'y avait pas leur Parti communiste. Le présent serait plus dur, l'avenir serait bouché. Après 1978, le patronat et son pouvoir ont cru le moment venu de serrer à fond la vis. Ils serrent... mais doivent desserrer sous les coups de la lutte.

Il y a les syndicats, et nous ne prétendons en aucune façon contester leur rôle dans la conduite de l'action revendicative. Au contraire, les communistes apportent, et je souhaite qu'ils le fassent toujours mieux, toute leur contribution au développement et à l'activité du syndicat dans lequel ils se retrouvent le plus souvent parce qu'il mène la lutte de classe avec résolution et avec efficacité : la C.G.T.

Mais il faut aux travailleurs un parti qui analyse la situation, lutte sur tous les terrains, formule des propositions nationales, relie entre elles les luttes des différentes catégories exploitées pour les rassembler, élabore et défende des solutions politiques pour le changement, un parti-digue, un parti-charrue, un parti-phare. C'est le rôle que nous nous attachons à assumer.

j'ai confiance

Bien sûr, tout cela ne veut pas dire que nous nous croyons parfaits, infaillibles. J'ai déjà évoqué dans ce livre les problèmes du stalinisme, dont notre parti ne porte pas la responsabilité, mais dont il a subi des conséquences. Notre histoire n'est pas exempte d'erreurs, comme la condamnation de Tito et de l'action du Parti communiste yougoslave en 1948.

Mais je serais tenté de dire que nos fautes sont en effet des erreurs en ce sens qu'elles ont contrarié — sans jamais l'avoir modifié — le sens de notre action : la défense des travailleurs, la lutte pour le socialisme. Tandis qu'en face, on commet des injustices, des mensonges, des crimes qui ne sont pas des erreurs parce que tous ces actes sont dans la logique des intérêts de classe qu'on veut servir.

C'est justement pour cela que nous avons sur les autres, tous les autres — il nous faut bien le dire car, sinon, qui dira nos mérites ! — l'énorme avantage de soumettre notre activité à la réflexion critique, de ne pas nous contenter de l'acquis, d'avoir le courage, la franchise de dire la vérité et d'aller de l'avant.

Nous avons fait, depuis douze ans, pour répondre aux problèmes posés par le développement de la crise, pour tirer bénéfice des possibilités ouvertes par les luttes — en premier lieu celles de 1968 — un grand effort.

Nous avons fait une analyse attentive de la crise qui frappe notre pays, de ses causes et des solutions qu'il faut lui apporter. Nous avons réfléchi sur notre histoire, sur l'expérience du socialisme existant, sur le mouvement du monde. Nous avons élaboré, enrichi notre conception du socialisme pour la France et de la voie pour y parvenir. Nous l'avons fait tout en mettant toutes nos forces au service de la victoire du programme commun que nous avions signé, avec loyauté, sans réticence. Pendant ce temps, François Mitterrand et ses amis nous laissaient porter la charge et s'employaient à nous affaiblir. Nous avons tiré les leçons de cette bataille, en décidant non pas de renoncer, mais de trouver les voies et les moyens de faire mieux. Nous proposons aujourd'hui aux travailleurs une perspective précise, novatrice, sérieuse. Certes, elle ne peut être conquise dans la facilité. Mais dans la facilité, il n'y aura jamais que désillusion et amertume.

Tout cela, ce que nous sommes, ce que nous avons fait, ce que nous proposons m'autorise à dire : le Parti communiste français, c'est une clé, la clé politique de l'avenir pour les travailleurs, pour la France.

Regardez les autres !

Les partis de droite ? Ils gèrent la France depuis vingt-deux ans. Et où en sommes-nous ? Là où chacun sait. Dans la crise. Dans l'ornière. Cela ne veut pas dire qu'ils soient incapables. Ils sont capables de bien servir les intérêts de la caste privilégiée qu'ils représentent, les intérêts du conservatisme. Ils n'apporteront jamais ni la justice, ni la liberté pour chacun, ni le changement. Ils entraînent la France vers le déclin.

Le Parti socialiste ? Pendant des années il a géré la France avec la droite ou sans elle. Pour aboutir à quoi ? Au fiasco. Il n'a pas changé, il se réclame lui-même de l'héritage. Il est instable, hésitant, politicien, mais quand il penche au moment décisif, c'est toujours du même côté : du côté du compromis avec le capital, du côté de l'abandon de la transformation socialiste de la société. L'expérience le montre.

Pourtant il faudra trouver le chemin de l'union. Nous ne prétendons pas, nous communistes, assurer seuls le salut du pays, résoudre seuls les problèmes des travailleurs. Il faut d'abord que les travailleurs eux-mêmes s'attellent à la tâche, s'unissent dans le combat. C'est à cela que nous consacrons nos forces et c'est sur cette base que nous parviendrons, demain, à ce que l'union avec le Parti socialiste ne soit pas provisoire, à ce qu'il penche durablement du bon côté.

Mais pour cela il faut le Parti communiste, le Parti communiste assez fort, plus fort qu'il ne l'est et ne l'a jamais été, le Parti communiste à sa place dans la vie du pays et au gouvernement. C'est cela, la seule chose neuve, le seul vrai événement qui puisse arriver dans la vie politique française. C'est cela que l'on n'a jamais fait et qu'il faut faire si on veut que la vie change pour les travailleurs, si on veut que la politique change, et plus encore si on veut demain un socialisme à la française.

Sinon, rien ne changera, il faut bien que tous ceux qui souffrent et espèrent en prennent conscience. Ce n'est pas affaire de boutique, d'intérêt partisan. Ce sont les idées, les forces, les possibilités dont le Parti communiste est porteur qui doivent grandir, s'exprimer, trouver la place qui leur revient.

Il le faut, parce que la crise est là et qu'on ne peut en sortir sans cela. Il le faut, parce que l'injustice, l'inégalité, la dépendance sont là et qu'on ne peut en sortir sans cela. C'est parce qu'il le faut que cela se fera. Le Parti communiste grandira. La vie deviendra meilleure pour les travailleuses et les travailleurs. La France s'ouvrira un nouvel avenir. J'ai confiance.

La collection Notre temps

NOTRE TEMPS/TRIBUNE

Mgr Alfred Ancel — *Dialogue en vérité.*
L'ancien évêque auxiliaire de Lyon s'adresse aux communistes.

*René Andrieu — *Choses dites.*
20 ans de politique au quotidien.

Régis de Castelnau, Daniel Voguet, François Salvaing — *La Provocation.*
La violence est-elle un moyen de gouvernement ?

*Jean-Paul Jouary, Guy Pélachaud, Arnaud Spire, Bernard Vasseur — *Giscard et les idées.*
La guerre idéologique !

*Anicet le Pors — *Marianne à l'encan.*
La stratégie d'abandon national du pouvoir actuel et des solutions pour que vive Marianne.

NOTRE TEMPS/SOCIÉTÉ

René Bidouze — *Fonctionnaires : sujets ou citoyens.*
Une lutte centenaire pour être citoyen à part entière.

Henri Canacos — *Sarcelles ou le béton apprivoisé.*
Sortie de la boue, une ville symbole que ses habitants ont pris en main.

Marie-Thérèse Goutmann — *Et l'enfant ?*
Les enfants de la France d'aujourd'hui seront ce que nous en aurons fait.

Pierre Kukawka — *Manufrance, radiographie d'une lutte.*
Une entreprise, une ville, le combat des travailleurs.

*Claude Picant — *Des flics, pour faire quoi ?*
Est-il trop tard pour revenir à une saine utilisation des forces de police de ce pays ?

*Jean-Claude Poulain — *Décider au travail.*
Travailler autrement c'est d'abord décider au travail, l'autogestion est un combat.

NOTRE TEMPS/MONDE

Jacques Arnault — *Démocratie à Washington.*
Une enquête passionnante sur la vie politique aux U.S.A.

*Collectif — *Europe, la France en jeu.*
Quelle Europe faut-il aux peuples ?

Collectif — *La social-démocratie au présent.*
Les petits et les grands secrets de la social-démocratie européenne.

*Alain Roux — *Le casse-tête chinois.*
Trente années de socialisme en Chine vues par un communiste français.

NOTRE TEMPS/MÉMOIRE

Marcelle Hertzog-Cachin — *Regards sur la vie de Marcel Cachin.*
Un des fondateurs du Parti communiste français raconté par sa fille.

*André Moine — *Ma guerre d'Algérie.*
La guerre clandestine des civils favorables à l'indépendance : Alger 1957.

HORS COLLECTION

Collectif — *Le Congrès de Tours.*
Un livre irremplaçable pour comprendre la création du Parti communiste français : les séances du congrès, tous les documents, les biographies des participants...

Achevé d'imprimer sur presse CAMERON,
dans les ateliers de la S.E.P.C.
à Saint-Amand-Montrond (Cher)

Dépôt légal : 1er trimestre 1981.
N° d'Édition : 1959. N° d'Impression : 079.
Imprimé en France